できる研究者になるための留学術

アメリカ大学院留学のススメ

How to become an
independent thinker:
A practical guide to get a PhD
at top U.S. schools

イェール大学教授
是永 淳

講談社

はじめに

アメリカには、世界トップクラスの研究がおこなわれている大学が数多く存在する。マサチューセッツ工科大学（ＭＩＴ）やスタンフォード大学といった誰でも知っているような有名どころはもちろんだが、日本人にはなじみのない大学でも、レベルの高い研究がおこなわれているところはたくさんある。あなたが科学に興味のある高校生や大学生なら、「世界の第一線で勉強してみたい」とか、「有名な研究者に実際に会って、話を聞いてみたい」と思ったことはないだろうか？　また、研究の世界にすでに足を踏み入れた理系の学生なら、「英語の文献がすらすら読めるようになりたい」「英語で堂々と研究発表ができるようになりたい」なんて思ったことはないだろうか？

そういう希望をかなえる、いちばん手っ取り早い方法は、アメリカの大学院に留学してＰｈＤ（Doctor of Philosophy の略：日本での博士号に相当する）をとることだ。「留学」と聞いただけで尻込みしてしまう人も多いかもしれない。トップクラスの大学院に入ることなんてできるのだろうか、と疑問をもつ人もいるだろう。アメリカでＰｈＤをとるにはふつう五年はかかるので、相当のお金が必要なのではないだろうか、と心配する人もいるだろう。だが、あなたが理系の学生ならば、アメリカの大学院でＰｈＤをとるためにはお金は一切かからない。それどころか大学側があなたの生活費まで出してくれる。それに、トップクラスの大学院に合格して、五年後にPhDをとること自体は、正しい手順に従えば、かなりの確率で実現できるのである。もちろん、留学は簡単ではない。しかし、検討する前にあきらめなければならないほど困難な代物でもないのだ。

私は日本で修士号を取得してからMITに留学し、二〇〇〇年にPhDを取得した。その後、カリフォルニア大学バークレー校で研究員を務め、二〇〇三年からイェール大学で教鞭をとっている。本書は、私自身の留学体験に加えて、大学教員として留学生の指導をおこなってきた経験にもとづいて書いたものである。

第1章「立志編」ではアメリカ大学院留学のメリットについて、第2章「準備編」では実際にどのように留学の準備をすればよいのかについて、第3章「実践編」では留学中に気をつけるべきことについて、第4章「英語勉強法編」では使える英語の学習法について、そして第5章「将来編」ではPhDをとったあとの選択肢について説明している。本書を一通り読めば、「どのようにすればアメリカの大学院に合格できるのか？」「アメリカの大学院ではどのくらい勉強しなくてはいけないのか？」などについて、だいたいの見当がつくだろう。

かなりの努力を要するかもしれないが、留学はそれだけの価値がある挑戦である。あなたがアメリカのトップクラスの大学院でPhDをとった暁（あかつき）には、世界を舞台に活躍できる準備がすでに十分に整っているのだから。

目次

第2章 準備編 41

第3章

実践編

115

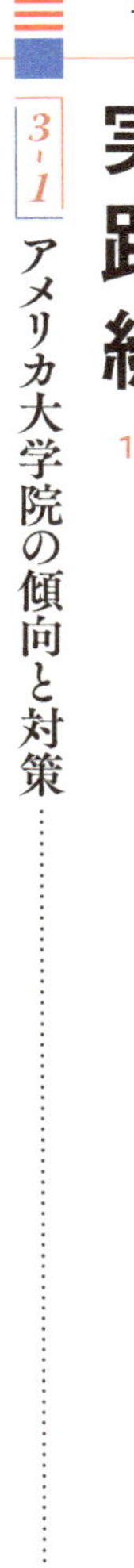

第4章

英語勉強法編

169

第5章

将来編 207

立志編

1-1

なぜアメリカに留学すべきなのか

アメリカ大学院留学はギャンブルではない

絶対に留学したほうがいいというわけではない。分野にもよるが、日本でも最先端の研究をしている大学や研究所は多々あるので、「立派な研究をしたい」というだけなら、べつにわざわざアメリカまで行って余計な苦労をすることもないわけだ。私自身はなぜか、物心ついたころから「外国で勉強してみたいなぁ」という気持ちがあったような記憶があるが、「外国なんか大嫌い」とか、「日本で自分のオリジナリティーを磨き上げるのだ」と強く思っている人は、日本に残ったほうがいいだろう。

しかし、あなたがたとえば「自分が世界でどのくらい通用するのか試してみたい」とか、「なんか日本の研究室ってスケールが小さいような気がする」とか、「アメリカにいるあの先生のもとで研究ができたらいいのに」などと思っているとしたら、私は迷わず留学することを勧める。なんといっても、人生は一度しかないのだから、「やってみたい」と思っていることには、挑戦してみたほうがいいに決まっている。

一度しかない人生なので失敗はしたくない、と自己防衛的になってしまう人もいるかもしれない。しかし、アメリカ大学院留学は一か八かのギャンブルではない。

第2章「準備編」で説明するように、アメリカの大学院を受験する際にはさまざまな書類を用意しなくてはならない。大学院側はそれらすべてに目を通し、「この学生はＰｈＤをとる実力があるかどうか」を熟考して、合否を判断する。逆に言えば、どこかの大学院に合格したということは、努力を怠らなければ、その大学院でＰｈＤがとれるはずなのである。

また、これも「準備編」でくわしく説明するが、大学院受験のための準備期間はせいぜい一年くらいだし、受験結果に関係なく、準備に費やした時間は決して無駄にはならないだろう。なぜなら、アメリカ大学院受験のための準備は、自分の底力を高める努力にほかならないからだ。アメリカに行こうが行くまいが、受験のための努力は今後の人生できっと役に立つ。

留学すべき理由

それにしても、なぜ私はアメリカの大学院への留学を熱心に勧めているのだろうか？　まるでアメリカからの回し者のように見えるかもしれないが、べつに「アメリカ絶対主義者」というわけではない。アメリカは「夢のような素晴らしい国」では決してない。

もし、あなたが興味を抱いている分野の研究において、アメリカのほうが日本よりはるかに進んでいるという場合は、さほど迷うことはないだろう。すぐに留学の準備をはじめよう。

一方で、あなたが所属する研究室のレベルがアメリカの大学にも負けないとしたら、留学に意味はあるだろうか？　もし研究が心底好きなのであれば、アメリカ大学院留学という選択肢をぜひ検討してもらいたい。

アメリカのトップレベルの大学院で研究するということは、日本の大学院での研究とは本質的にちがうのだ。スケールが大きく、人の交流も盛んで、とにかく開放的でダイナミックな環境なのである。それに、海外で学生生活を送るということは理屈抜きにおもしろい。話す言葉も、習慣もちがう世界に飛び込んでいろいろな体験ができる機会なんて、そうそう転がっているものではない。アメリカ大学院留学では、生活費全額支給のうえでそういう経験ができる。そして、世界最先端の研究に挑戦して、最後には世界で通用するＰｈＤを取得できる。まさに一石三鳥である。

加えて、頭がまだ柔らかい学生のうちに、二つの異なる文化を「深く」体験しておくことは大切である。アメリカには日本に比べてよい点もあるが、悪い点も数多くある。アメリカに来て初めて日本の長所に気づくなんてことも少なくない。また同時に「アメリカでできることが、なぜ日本ではできないのだろう？」と不思議に思うこともよくある。日本の中だけにいては見えてこないものを、実際に自分の目で見てほしい。そして自分の頭で判断できるようになってほしい。他人が書いたものを読んで受け売りすることは簡単だが、自分で異文化を体験して「日本を外から眺める」ことができるようになると、人間として一回り大きく成長できるはずだ。

アメリカは、世界中から優秀な人材を集めることによって、科学研究の質を維持している国といえる。これは、英語が科学界における公用語になっているという状況と、豊富な資産の両方があって初めて可能なシステムで、日本ではまねすること自体まず無理である。日本は地理的に狭くて海に囲まれているため、独自の言語や文化をもっていて、それによるメリット（たとえば独創性）も多くあるが、同時に「井の中の蛙」になってしまう危険性も高い。学生のうちに留学しておくと、研究だけに限らず「世界的視野で物事を考えられる」ようになるはずだ。

ちなみに、理系の場合は、アメリカ以外の国でＰｈＤをとることは、あまりお勧めしない。ドイツやフランスといったヨーロッパの国に留学する場合、英語のほかにその国の第一言語も勉強する必要が出てきて、余計な負荷が大きくなってしまう。科学の世界の公用語は完全に英語なのだから、どうせ留学するなら、英語の実力をとことん高めることに時間を注ぐのが賢明である。

イギリスならば第二外国語の問題はないが、イギリスのＰｈＤコースは三年間しかないという問題がある。「たった三年でＰｈＤがとれるんだ！」と喜ぶ人もいるかもしれないが、三年間しかトレーニングされないという見方もできる。実際、アメリカのＰｈＤと比べると、イギリスのＰｈＤは実力的にやや貧弱な印象を受けることが多い。アメリカでＰｈＤをとるには五年はかかるが、最終的にそれ相応の実力がつくのである。

日本の理系の学生は世界的に見ても、勤勉で優秀な人が多い。学部卒業時の段階では世界トップレベルかもしれない。しかし、そのポテンシャルがその後の大学院（での研究）できちんと活かされているかというと、かなり疑問である。少なくとも現在の日本では、学生の力を活かすことのできる教授の数が絶対的に不足している。

優秀な人が海外に出て真の実力を発揮することは、サイエンス全体の発展につながる。そして、その中には日本に戻って活躍する人もいるわけだから、海外ＰｈＤ組がこの先増えていくことは、長期的に見て日本の科学界のためにもなるのだ。

アメリカにはいい大学がたくさんある

「アメリカにはいい大学がたくさんある」という事実は、当たり前すぎるかもしれないが、もしかしたら知らない人もいるかもしれない。念のため、ここで具体的に書いておこう。

国が広いせいもあるかもしれないが、アメリカには「この大学がいちばん」という存在がない。対照的に、日本では東京大学（東大）が突出している。もちろん京都大学（京大）など、いい大学は東大のほかにもあるが、付属の研究所などを合わせて考えると、東大が抱えている人的資源はとにかく圧倒的である。アメリカにはそういう突出した大学はないが、おこなわれている研究の質と量の両方で、東大を軽くしのぐレベルの大学がごろごろしている。

ほとんど理工系の学科しかない大学に限ってみても、マサチューセッツ工科大学（ＭＩＴ）とカリフォルニア工科大学（Caltech）の二校がある。どちらも名前くらいは聞いたことがあるだろう。

このほかにも、西にはカリフォルニア大学バークレー校（UC Berkeley）とスタンフォード大学（Stanford）という、理系にも文系にも強い大御所がある。カリフォルニア大学のほかの分校でも、ロサンゼルス校（UCLA）や、サンディエゴ校（UCSD）はバークレー校に負けないくらいの質を誇っている。

北のほうに行くと、シアトルにあるワシントン州立大学（University of Washington）も規模が大きく、いい大学である。

東には、アイビーリーグ（アメリカ北東部の名門私立大学八校の通称）のハーバード大学（Harvard）、イェール大学（Yale）、プリンストン大学（Princeton）、コーネル大学（Cornell）、コロンビア大学（Columbia）、ブラウン大学（Brown）、ペンシルバニア大学（UPenn）、ダートマス大学（Dartmouth）がある。ほかにも、メリーランドにあるジョンズホプキンス大学（Johns Hopkins）や、ペンシルバニアのカーネギーメロン大学（Carnegie Mellon）、また東の州立ではおそらくトップのペンシルベニア州立大学（Penn State）など、どれも相当な規模である。

大陸の中央部では、シカゴ大学（University of Chicago）が私立の名門で、州立ではミシガン大学アンナーバー校（University of Michigan Ann Arbor）、イリノイ大学アーバナシャンペーン校（University of Illinois at Urbana-Champaign）、ウィスコンシン大学マディソン校（University of

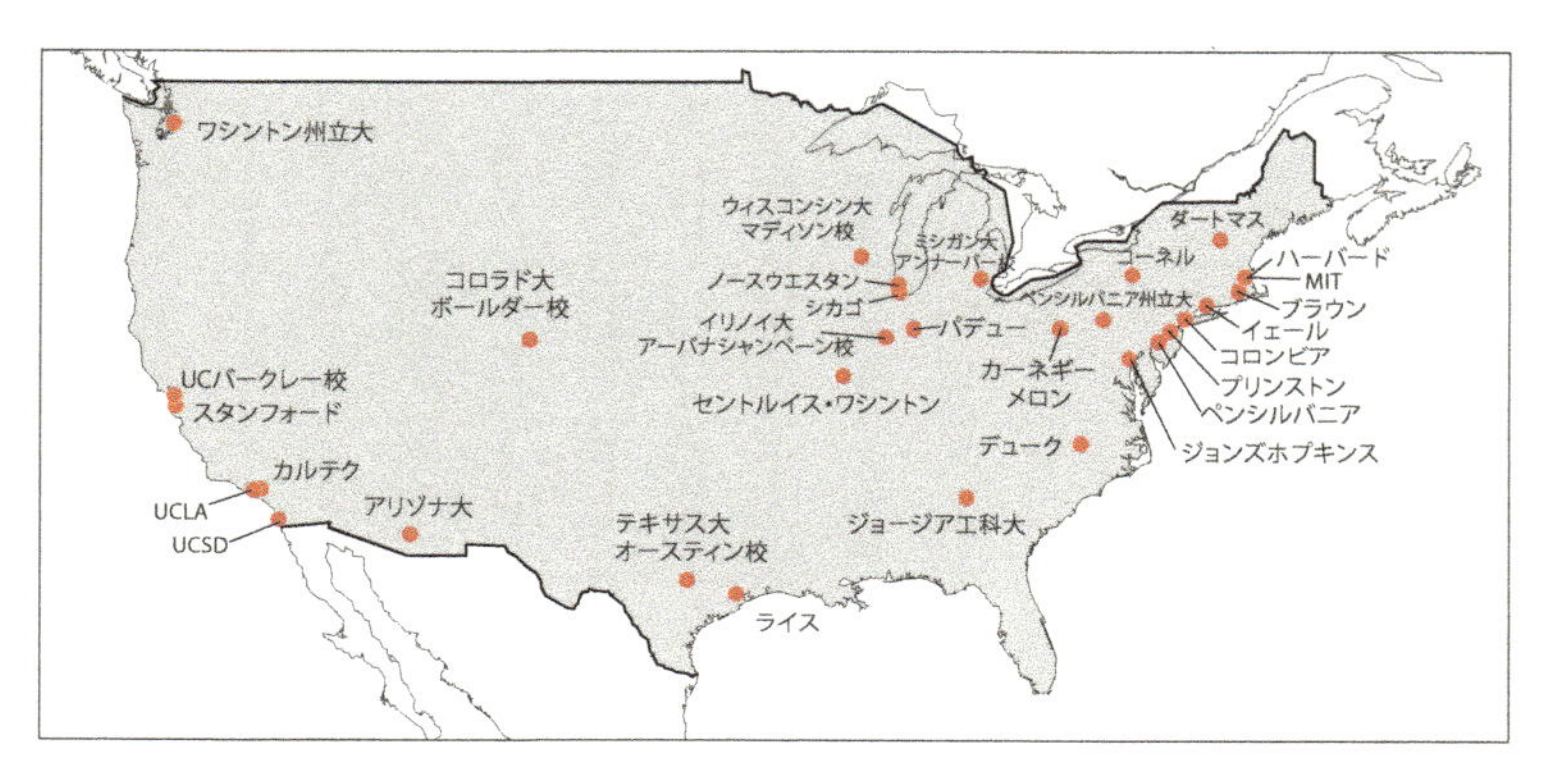

図1-1　アメリカ有名大学地図

2-2節の「志望校選び」の項で解説するが、「トップクラスの大学院」は分野によって大きく異なる。この地図に載っていないからといって、トップクラスではないと早合点しないように。たとえばニューヨーク大学は数学などの分野で非常に有名だし、カリフォルニア大学サンフランシスコ校は医学／生物学の分野ではトップ5の常連である。

Wisconsin-Madison）、コロラド大学ボールダー校（CU Boulder）が有名だ。

南のほうでは、テキサス大学オースティン校（UT Austin）やライス大学（Rice）などが有名だ。

このほかにも、規模は少し小さくなるけれど、名物教授がいる学科をもつような大学は多数ある。じつにいろいろな可能性が開けていると言ってよいだろう。選択肢がこう多いと、自分の希望の研究ができる大学院を探すのが大変と感じるかもしれない。とはいえ、やはりチャンスは多いほうがいいし、最近はインターネットで手軽に多くの情報が手に入るので、昔に比べると調べるのもはるかに楽になっている。

アメリカの大学院には世界中から優秀な学生が集まってくるので、そこに留学するということは世界水準の研究に携われるということなのだ。そして、「どこに応募しようかな」と志望校を選ぶ段階からすでにわくわくさせてくれるのは、アメリカ理系留学に特有のものであろう。

学生留学のメリット

理系留学をするなら、学生のうちにするのがいちばんである。もちろん、「留学」自体はいつでもできる。博士号をとったあとで、「ポスドク」（post doctoral associate）と呼ばれる研究員として留学することも可能だし、また、日本の大学で教職を得てから文部科学省（文科省）の海外派遣制度などを利用して留学することも（一年くらいなら）できる。しかし、学生の身分で留学したほうがはるかに自分のためになる。もちろん、日本で博士号をとってからでも、職についてからでも遅くはないし、それはそれで十分におもしろいと思うが、効果の面では学生留学には及ばない。

理由の一つは、日本で博士号をとってから留学すると、どうしても「お客さん」扱いされてしまうからだ。すでに博士号をもっている人には、やはりそれなりの敬意を払うのがふつうである。学生の留学生なら「一人前にしてあげないと」という気持ちで一生懸命指導してくれる教授でも、すでにほかの教授のもとで「一人前」の資格をとった人を親身に世話してくれることはない。そもそも、ポスドクは即戦力として雇われるので、受け入れる側にとって基本的な指導をす

る義理もないのである。

逆に言えば、PhDコースの学生として留学すると、教授からいろいろと注文を受けることになって大変ではある。まあ、昔から「若いときの苦労は買ってでもしろ」という言葉があるように、大変なぶんだけ実力もつくというものだ。

博士号をとってからの留学は、言うなれば「ローリスク、ローリターン」。また、研究員としての留学はたいてい二年、教職についてからだと一年が精一杯。海外での一年なんてあっという間に過ぎてしまう。一方、PhDをとるための学生留学だと五年はかかるから、じつにいろいろな体験ができる。どうせ行くなら数年くらいは住むつもりでないと、海外生活をじっくり味わえないだろう。

どのタイミングで留学するか

学生のうちに留学する場合は、少なくとも以下の三つの選択肢が考えられる。

留学タイミング：
①高校卒業後すぐに、大学一年から留学する。
②大学学部卒業後にPhDコースに留学する。

③日本の大学院で修士号をとってからＰｈＤコースに留学する。

タイミング①での留学は、かなりの額のお金がかかる可能性がある。ほとんどの大学に奨学金制度があるが、名門大学ほど、親が負担できない部分だけ奨学金でカバーするというシステムを採用している（これをニードベース〈need base〉という）。アメリカは貧富の差が激しい国である。貧しい家の出身でも、成績が優秀ならば入学できるようになっているのだが、中流家庭の出身だと、そのぶん奨学金の額も低くなるということだ。

また、学部レベルでの留学ではたいした研究はできない。もちろん、大学一年からの留学だと、アメリカでの学部生活を体験することができて、それはそれで大変貴重なものだと思う。しかし、本書では「できる研究者になるために、お金をかけずに最大の効果をあげる」ことに重点をおいているので、その点では、大学院留学にはとうていかなわない。

次にタイミング②と③についてであるが、検討する前に日本とアメリカの大学院のちがいを知っておく必要がある。日本の大学院は二年間の修士課程（博士前期課程）と三年間の博士課程（博士後期課程）に分かれているが、アメリカの大学院（とくに理学系）は「二年＋三年」というふうに分かれておらず、最初から五年のところが主流である。つまり日本で修士号をとっていても、それはカウントされない。逆に、日本で修士号をとらずに、いきなりアメリカのＰｈＤコースに入ることも可能である（タイミング②）。（注：工学系の場合はやや事情がちがって、日本と同じように修士課

程二年、博士課程約三年に分かれているところも多い。また、日本の修士号をもっていれば、三年くらいでＰｈＤをとれるところもある。これは、工学系では、修士課程修了後、企業に就職する人が多いためである。）

ちなみに、五年たてば必ずＰｈＤがとれるわけではない。博士論文が完成しないとＰｈＤはとれないので、五年以上かかる人はざらにいる（私は五年半かかった）。

私は学部時代あまりまじめに勉強をしなかったので、卒業するころになっても「自分がいったいどういう研究をしたいのか？」がよくわかっていなかった。これではいけない、と気持ちを改めて、修士時代はきちんと勉強した。しかし、学部時代から将来のことをよく考えておけば、卒業後にそのまま留学することも十分可能である。そうすると、日本で博士号をとるのと同じように二七歳くらいでＰｈＤがとれる。

アメリカ人の学生が大学院に進む場合は、学部を卒業してすぐＰｈＤコースに進む人が多いが、なかにはある大学院で修士号をとってからべつの大学院のＰｈＤコースに進む人もいる。また、外国からの留学生は自国で修士号をとってからアメリカ大学院を受験することが多い（タイミング③）。

アメリカのＰｈＤコースは敷居が高いと思っている日本の学生は多いかもしれないが、アメリカの学部教育の段階ではさほど専門性の高いことは学ばないので、日本の大学を卒業後にいきなりアメリカのＰｈＤコースに進んでも、とくに問題はない。ただ、「英語の環境」に飛び込み、「研究中心の大学院生活」に移行するという、二つの大きな環境の変化を一度に体験するのは少

し大変かもしれない。要は本人の心がけ次第である。

留学までのスケジュール

ここからは、タイミング②「大学学部卒業後に留学」を念頭に、スケジュールを検討してみよう。留学の準備には少なくとも半年から一年はかかるので、学部四年生になるころには「大学院で自分がやりたいこと」にだいたいの見当をつけておかないといけない。

また、前述したように、アメリカの学部では、たいした専門教育がおこなわれない。学部生のあいだは、ほんとうに基礎的なことしか学ばないのである。なので、学部のときの「専門」と大学院の「専門」がまったく異なる学生も多い。たとえば、学部時代は物理学科で大学院では生物学専攻とか、そういうケースはざらである。このあたりは、日本の企業が大学での学部教育にあまり期待していなくて、とりあえず「見込みのある人材」を採用して、入社後に社員教育で鍛えようとするのと似ているかもしれない。

ちなみに日本とちがって、アメリカの大学／大学院は九月からはじまる。よって、たとえば二〇二一年の九月から留学したい場合は、おおまかに図1-2のようなスケジュールになる。「勝負どころ」は、渡米したいと思っている年の前年の夏だ。ここでうまくやるためには、その前から地道な努力が必要だが、もちろん卒業論文（卒論）や修士論文（修論）もきちんと書かな

2020年4月	学部4年（もしくは修士2年）になる
2020年夏	**留学準備にいそしむ（GRE、TOEFLの受験など）**
2020年12月ごろ	アプリケーション（願書）締め切り
2021年3月ごろ	合格通知届く
2021年3月末	日本の大学卒業（または修士課程修了）
2021年夏	**渡米**
2021年9月	PhDコース、スタート

図1-2 留学までのスケジュール
2021年9月からはじまるPhDコースに挑戦するには、2020年の夏が勝負である。

いといけないわけで、つまり、かなり忙しくなる。要領よくやることと時間をうまくコントロールすることが、自分の希望をかなえる鍵である。

理系留学にはお金はかからない！

アメリカでの教育費は尋常ではない。有名な大学院はたいてい私立なので授業料が高く、五年通うとなると約二〇〇〇万円かかる。また、生活費で月二〇万〜二五万円はかかるから、これも五年間で一五〇〇万円。授業料と生活費を合わせると三五〇〇万円にもなる。お金持ちでないかぎり、こんな金額は払えない。

でも心配ご無用。少なくとも理系の場合は、大学院に合格すれば授業料も生活費も大学が全額出してくれるのである。

その昔、私が留学を目指した理由の一つとして、この「授業料免除&生活費完全支給」があった。学部生のときは、親から仕送りしてもらっていたのだが、修士課程に進むと、社会人になって稼いでいる同輩が大勢いるわけで、さすがに仕送りに頼るのは気が引けて、育英会の奨学金と家庭教師のアルバイトで生活費を捻出していた。しかし、この家庭教師のアルバイトのために研究時間を削られるのがとても嫌だった。高校生相手に受験問題の解き方を説明するのは、それなりに楽しいし、適度な頭の体操にもなるのだが、勉強すればするだけ新しい知識が身についていくときや、研究すればするだけ結果が出てくるときに、ほかのことで時間の制約を受けるのはけっこうつらいものがあった。「バイトとかに煩わされずに純粋に研究したい！」と何度思ったことだろう。

それがアメリカの留学生活では簡単に実現できるのだ。「本当に？　なんか裏があるんじゃないの？」「それっていわゆる『Research Assistantship（ＲＡ）』ってやつでしょう？　教授の雑用にこき使われて自分の時間がもてないんじゃ……」と疑う人もいるかもしれない。でも裏はない。ほぼすべての時間を自分の研究に使えて、それでもって生活費まで出してもらえるのである。

これは、アメリカで理系の研究が実際どういうふうにおこなわれているのか、ＲＡとは何なのかを理解すると納得できるはずだ。

学部だけでなく大学院ももっている、いわゆるresearch universityといわれる大学の教授は、ふつういくつもの研究プロジェクトを抱えていて、政府やプライベートの財団から研究資金を調達している。文科省が交付する科学研究費助成事業（科研費）のようなものだが、規模がまったくちがう。たとえば、三年のプロジェクトで数千万円くらいの資金をとってくるのは、アメリカでは当たり前である。

そして、そういうプロジェクトにおける実働部隊は大学院生だ。ＰｈＤコースの初めのうちは、あるプロジェクトの簡単な部分を任されて、その後またべつのプロジェクトのほぼ全部を任されるというのは、よくあるケースである。そして、大学院生はその研究成果を自分の博士論文としてまとめることになる。

こう書くと、アメリカの大学院では教授が抱えているプロジェクトを実行するだけで、自分がやりたい研究テーマを自由に選べないように思えるかもしれない。しかし、そもそも自分がやりたいことができそうな大学院を選んで受験するわけだし、また、プロジェクトによってはわりと融通が利くものもある。どのくらい自分の希望どおりの研究ができるかは、本当にケースバイケースだ。こういったことは、大学院選びの際に気をつけるべき点の一つである。

そして、こういうプロジェクトの予算には、たいてい学生の授業料／生活費サポートが含まれ

ていて（だから簡単に数千万円という大きな金額になってしまう）、このサポートのかたちを「Research Assistantship（ＲＡ）」という。教授のプロジェクトを手伝うかたちになるのでresearch assistantshipという名称なのだ。ただし、この「research」は自分の博士論文のテーマにほかならないので、「お金をもらいながら自分の研究ができる」と言ってもいいだろう。

難点を一つ挙げるとすれば、先に述べたように、「勝手に」自分の好きな研究に取り組める可能性があまりないことである。日本の大学院だと、自分で授業料を払っていて、べつに生活補助ももらっていないのだから、指導教官の存在も形式的で、気ままに好きな研究をしていられるところもあるかもしれない。アメリカではそういうことはまずできないと思ったほうがいい。しかし、「本当はこういう研究がやりたいんだ！」と強く希望するテーマがある場合、教授に相談すれば道が開けることもある。あくまで、「勝手に」好きなことはできないという話である。

さて、こういったＲＡでのサポートはつねに保証されているわけではない。自分の指導教官が研究予算をとり損なってしまったときには、もちろんＲＡはもらえない。しかし、そういう場合は、大学院側がＴＡ（Teaching Assistantship）というかたちで助けてくれるのがふつうである。また、大学院によっては、教授のプロジェクトの有無にかかわらず、何回かＴＡをしないとＰｈＤの資格が得られないこともある。

このＴＡというのは、文字どおり教授の講義の「お手伝い」である。宿題の採点とか、学生からの質問に答えたりとか、たまには代講もやったりとか、そういうお手伝いをすることによって、ＲＡと同じように授業料／生活費を出してもらうのだ。といっても、その手伝いに忙殺されて研究ができなくなるわけではなく、ふつうは週五〜一〇時間程度の仕事量しか要求されない（もっと多くの時間がかかる仕事量だと、生活費が多めに支給される）。よって、研究に割ける時間に関しては、ＴＡとＲＡで大きなちがいはない。ＰｈＤ取得後、アメリカの大学で教職に就こうと思っている人にとっては、ＴＡは非常に貴重な体験になるはずだ。

学生留学に年齢制限なし

さて、留学するなら学生のうちがよいと書いたが、べつに年をとっていたら駄目という意味ではない。ＰｈＤをとるための留学に年齢はあまり関係ない（もちろん体力は必要だが）。というのも、日本だと大学を卒業するのはたいてい二〇代前半、博士号をとるのは二〇代後半というように、年齢層がわりとはっきりしているが、アメリカだとそういうことがないからだ。そもそもいろいろな人種が集まっている国だし、大学院にはさらに諸外国からの留学生が多く在籍しているので、「学位をとるべき年齢」といった基準がほとんどないのである。大学を出てすぐ会社に入って何年か働いたけれど、やっぱり研究をしてみたい、学問の道をもう一度目指したいと思って大学院に入ると、日本ではまわりよりちょっと年をとっていて「浮いてしまう」ことがあるかもしれない。しかし、アメリカだとそういう心配をする必要がまったくない。会社で数年働いたあとで大学院に進学したという人は、相当数いる。

私の大学の同僚で気候変動の研究をやっていたマーク・パガーニというアメリカ人は、若いころは音楽で食べていくつもりでロックバンドを組んでいた。しかし、三〇歳になるころに「いくらやってもさっぱり売れんし、これじゃ食っていけん」と（ようやく）気づいたらしく、それから頑張って勉強してペンシルバニア州立大学でＰｈＤをとった。そしてイェール大学の教授になり、Nature や Science にガンガン論文を出す第一線の研究者に登りつめたのである（残念なことに、がんで二〇一六年に亡くなってしまった）。

大学院時代の友人で地球化学者のアルベルト・サールというアルゼンチン人も、かなりの強者だ。彼はそもそもアルゼンチンの大学院ですでに地理学のＰｈＤをとっていた。でも、いつかアメリカで研究したいとずっと思っていたらしく、ＭＩＴの教授が野外調査でアルゼンチンを訪れたときに案内した縁をつたって、ＭＩＴに留学。この時点ですでに三〇歳くらいになっていたはずだが、その教授のプロジェクトが二年で切れてしまって、修士号しかとれなかった。でも、ＭＩＴにいるときに知りあったほかの研究者からべつのＰｈＤプログラムに入らないかと誘われて、さらに六年かけてＰｈＤをとり、今ではブラウン大学の教授である。

ただし、大学院に入る時点で結婚していて子供がいる場合は、話が少し変わってくる。これは「まわりから浮く」という問題ではなく（アメリカではまったく浮かない）、支給される生活費だけでやっていくのが大変になるからである。アメリカで子供を育てるのには何かとお金がかかる。ものすごく協力的な配偶者と、ある程度の蓄えがないと、学生の身分で子育てをこなすのは苦しいだろう。

ここまで見てきたとおり、「年齢」だけをとってみても、アメリカの大学院は多様である。アメリカのいいところの一つは「多様性」である。もちろんこれによる弊害もあるが、さまざまな経歴をもつ人々が同じところに集まって一緒に研究をするというのは、それだけでとても刺激的な環境をつくり出すのだ。

生活費はどのくらいもらえるのか？

「理系留学にお金はかからない」の項で、アメリカの理系の大学院では生活費がもらえると書いたが、「でも、どのくらいもらえるの？」と不安に思う人もいるかもしれない。この点について、もう少しくわしく説明しておこう。

生活費の支給額は大学院によって若干ちがうが、最近は税金を引かれる前で、月二七〇〇ドル前後である。私が大学院生だったころ（一九九〇年代）は月一五〇〇ドルくらいだったが、世の中の物価が上がるのにあわせて、大学院側がこの支給額を上げているわけだ。また、複数の大学院に合格した学生は、やはり少しでも給料が高い大学院を選ぶ傾向にあるので、大学院側も競争相手の大学に優秀な学生を奪われないよう、他校と比べて見劣りしない支給額を維持するようつねに気を配っている。なので、どこの大学院に行くとしても、生活費は「同じくらい」もらえると考えてよい。

この「同じくらい」というのは、「同じようなレベルの生活を送れる」という意味である。都会にある大学のほうが田舎の大学に比べて支給額がふつうは高いのだが、それは生活費の大きな部分を占める家賃が都会のほうが高いからだ。したがって、表面的な数字の比較で「都会の大学のほうが条件がいい」と判断してはいけない。

それに、アメリカの大学院は健康保険代（年間二五〇〇ドルくらい）も出してくれるのがふつうだが、これを生活費の一部として支給するところと、生活費とは別扱いにして出してくれるところがある。この場合、前者のほうが見かけ上、生活費が多く支給されるように見える。

さて、毎月支給される生活費がどのように使われるのかを考えてみよう。家賃は場所によって大きくちがうが、たいてい六〇〇ドルから一〇〇〇ドルくらいだろう（この額は友人と共同でアパートを借りたり〈アメリカではこれがふつう〉、大学の寮に入ったりする場合。自分一人だけで優雅にアパートを独占する場合はもっとかかる）。家賃を差し引いた残りの額で、食費、書籍代、交通費、娯楽費などをやりくりするわけだ。なので、外食ばっかりとか、遊びまくったりしないかぎり、十分な生活費が支給される。さらに、月一〇〇ドルから二〇〇ドルくらいは貯金できるはずである。すると、年に一回帰国するくらいの費用も自分で出せることになる。生活費については、浪費家や所帯持ちでないかぎり、心配することはない。

1-2 アメリカ大学院のＰｈＤコースとは

実力がつく授業

アメリカの大学院でＰｈＤをとるにはふつう五年くらいかかるが、初めの二年は研究よりも授業の単位をとることに重点が置かれる。そして二年目の終わり、もしくは三年目の初めのうちに「qualifying exam（適性試験）」という試験を受ける。これに合格すれば晴れて「ＰｈＤ candidate（ＰｈＤ候補生）」となり、博士論文のための研究に専念できるようになる。

さて、初めの二年間の授業だが、やり方が日本とかなりちがう。まず時間の割り振り方からして別物だ。日本の理系の大学院では、一科目につき週一回二時間くらいの講義を受けるところが大半だと思う。一方アメリカでは、一回五〇分で月水金の週三回か、一回一時間一五分で火木の週二回のように、一つの科目を複数回の講義に分けるのが一般的である。これは、学生の集中力がそもそも二時間ももたない、という現実に配慮したじつに合理的なやり方で、複数の講義に分けることによって、緊張感が持続するようにしているのだ。そして、一回の講義で教わることはたいした量ではないけれど、週二回から三回も講義があってテンポよく進んでいくので、到達点は高い。初めは基礎的なことからはじまっても、学期末にはかなりのところまで進む。なので、一つの授業をとることによって、かなり体系的にまとまった知識が学べるようになっている。

そして、このテンポよく進む講義形式を支えているのが「宿題」だ。「えー、宿題なんかあるの？　かったるいなぁ」と思う人もいるかもしれない。でも、この宿題がないと講義の価値が十分の一に減ってしまうと言ってもいいほど、宿題は大きな役割を果たす。講義を聞いてわかっていたつもりだったけれど、いざ問題を解いてみようとしたら、じつはよくわかっていなかった、なんてことが今までになかっただろうか？　宿題をやるということは、いちばん効果的な復習法である。そして、それを毎週やっていると、自然と実力がついてくるのだ。また、宿題をこなして授業をきちんと復習していると、授業がどんどん先に進んでいっても「とり残されてしまう」ことが起こりにくくなる。

そして、この「毎週出る宿題」を支えているのが、先に触れたＴＡだ。ＴＡは、講義を担当する教授のもとで研究をしている大学院生が務めることが多い。彼らは、宿題の模範解答を用意したり、採点をしたりするだけでなく、学生が宿題を解くときに出てくるさまざまな質問にも答えてくれる。教授はいろいろな用事で忙しいので、質問しようと思ってもつかまらないことが多いが、ＴＡは同じ大学院生なのでそんなことはないし、なにしろ気軽に質問できるのでとてもありがたい存在である。

このように、アメリカ大学院での授業は

・講義を細かく分けて、集中力を保たせることと、多くを教えることを両立させる
・宿題を出すことによって、教えっぱなしにしない
・TAを用意することによって、宿題を出しっぱなしにしない

の三つを組み合わせることによって、学生の実力をできるかぎり高めるようになっているのだ。サボることはまず不可能なので、楽をして単位をとりたい人にはまったく向かないが、「実力をつけたい人」には最適のシステムである。

看板セミナーの魅力

大学院ではいろいろな種類のセミナーに参加することができる。なかでもいちばん格上なのは「Departmental seminar」とか「Departmental colloquium」といわれる、学科が直接仕切っているセミナーである。これはいちばん高額の予算がついているセミナーで、毎週他大学から第一線で活躍する研究者を招待して講義をしてもらう形式になっている。もちろん、所属している学科にもレベルの高い教授がいるが、前述のように、アメリカにはじつにたくさんの「トップレベルの大学」があるので、優秀な研究者の数は半端ではない。また、カナダやヨーロッパにいる研究者でも、旅費がたいして変わらないので、気軽に呼んだりする。日本にいたら、論文で名前を見

ることしかできない大御所の話を、じかに楽しむことができる。

一学期のあいだに全部で十数回そういうセミナーが開かれ、もちろん、自分の専門分野に近い講師はそのうちの数人程度だろうが、これが毎学期あるのだ。そして、招待された研究者の昼食相手を務めるのはたいてい大学院生の有志数人なので、一緒に食事をしながらいろいろな話をする機会がある。また、大学院生でも上級生になると、教授陣との夕食会に呼ばれることもある。こういうふうに他大学の教授と直接話をする機会があるというのは、学生にとってはじつはとても大切である。アメリカは徹底して実力主義の世界だが、人脈も大切だからだ。自分の大学の中だけでなく、ほかの大学の教授とも面識があると、将来の就職活動になんらかのかたちで役に立つ。

たとえば、私が大学院生だったときに、カルテク（カリフォルニア工科大学）のドン・アンダーソンという地球物理学界の超大物がやってきてセミナーをしたことがあった。そのときに少し個人的に話をして以来、彼は私の研究にずっと興味をもってくれた。博士論文の一部を査読してくれたり、ＵＣバークレーのポスドク研究員に応募するときに推薦状を書いてくれたりと、頼みごとをすると本当によくしてもらった。こういう交流は案外、「ちょっとしたきっかけ」からはじまったりする。看板セミナーは、最新の研究成果をじっくり聞けるだけでなく、自分の人脈を自然にひろげることもできる大切な機会なのだ。

PhDコースの最初の二年間

さてここで、アメリカの大学院でのPhDコース全体の流れについて一通り説明しておこう。

アメリカの大学院ではだいたい五年から六年でPhDがとれる。本章の「実力がつく授業」の項で述べたとおり、このうち初めの二年は訓練期間みたいなもので、一学期に二科目から三科目のペースで授業をとる。それと同時に簡単な研究課題をやらせる大学院も多い。簡単といっても、ふつうは成果を論文のかたちで学術誌に投稿することが前提となるので、それなりに努力しないといけない。授業を受けながら研究も頑張らなくてはならないので、最初の二年間は相当忙しい。

ちなみに、アメリカでは二学期制を採用している大学と、三学期制を採用している大学が混在している。たとえばイェール大学は二学期制で、九月から十二月までが秋学期、一月から五月までが春学期で、六月から八月までは夏休みである。最終的に何科目とらないといけないかは、プログラムによってさまざまである。

もちろん、三年目に入って授業をとらなくなっても、そのぶん研究に時間をかけるだけなので、忙しさに変わりはない。とはいえ、初めの二年間は、二年目の終わりに受けないといけないqualifying exam（PhD候補生になるための適性試験）のせいで、忙しさの上にかなりのプレッシャーがかかる。というのも、この適性試験に合格しなかった場合は、問答無用でPhDコースを去らないといけないからだ。じつに厳しい結果が待っている試験なのである。まあ、授業料と生活費を出してもらっているので、それに見合った結果を出せない場合は、先に進めないのも当然であろう。

しかし、この試験がじつに得体の知れないものになっている大学が多いのも事実で、その得体の知れなさが余計なプレッシャーを生むことになる。どのくらいの確率で不合格になってしまうかは、これまたプログラム次第だが、じつはトップクラスの大学院ほど不合格になる確率が低い。これは、トップクラスの大学院ほど質の高い学生が集まる可能性が高いためである。この試験については、第3章「実践編」のほうで対策法なども含めてもっとくわしく書くので、ここではとりあえず、「ちゃんと頑張れば合格できます」とだけ言っておこう。

そしてこの適性試験に合格したら、ＰｈＤ候補生になるわけだ。そうなると「あとは論文を書くだけ！」という、かなり楽な気分になる。もちろん、本当に大変なのはここからなのだが、私は元来「試験」というのが嫌いなタイプなので（好きな人もあまりいないと思うが）、あとは研究をガンガンやって博士論文を書くだけでよい、というのはうれしかった。

大学によっては、この試験のあとに博士論文の構想についての発表をさせることもある。これは、博士論文のためにどういう研究をやるつもりなのかを発表させて、その質をチェックするものだが、適性試験に比べるとそんなにプレッシャーがかからない。というのも、「これからやろうと思っていること」について話すだけなので、教官側もあまりいじめようがないからである。

「それは本当に大切なことなのか?」(研究の意義)とか、「あと三年でそれだけのことができるのか?」(研究計画の実現性)などの点に気をつけてよく考えていれば大丈夫である。

それも終わると、本当にあとは研究だけの生活が待っている。もちろん興味のある授業があったら自由にとればいい。一学期に一科目くらいであれば大変ではない。この時期にとる授業は単位の数をそろえるためのものではないので、純粋に楽しめるはずだ。

PhDコースの三年目以降

さて、残りの約三年は研究に専念するわけだが、どういうペースで研究をするべきであろうか? 一般論として、一年に一本くらいのペースで学術誌に論文を出版できる程度の成果をあげていれば、おおむね「順調」とみなされる。最初の二年間に進めた研究から一本出していて、そのあとの三年で三本出したとすると、計四本の論文を出したことになる。これらの論文をそれぞれ一つの章として、序章とまとめの章を足すと、全六章からなる博士論文が完成する。

もちろん、これは単なる一例にすぎない。分野によっては、それほどポンポンと論文を出せない研究もあるだろう。実験や観測の準備にものすごく時間がかかるとか、理論を構築するのに少なくとも二年は熟考しないといけないとか、いろいろなケースが考えられる。しかし最終的に、少なくとも二、三本の論文を一流の学術誌で出版できるくらいの「質」と「量」の両方を博士論

文に求められるのが、アメリカではふつうである。

PhDをとるとはどういうことか？

さて、そういった博士論文を書き上げたら、次はいよいよthesis defense（博士論文審査）だ。これは「defense」という言葉がじつにふさわしい、ＰｈＤコースの最後を飾る一大イベントである。thesis defenseは博士論文の「発表」と「審査」の二つの役割を兼ねているのだが、これを説明する前に「ＰｈＤをとるとはどういうことか」について書いておこう。

ずばり、「ＰｈＤをとる」ことは「研究者として独り立ちする」ことに等しい。形式上は博士論文を提出するだけなのだが、実際にはとても大きな意味をもつ。研究をするうえでこの意味をしっかり理解しているのといないのとでは、博士論文の出来もちがってくるし、「ＰｈＤをとったあとの人生」を大きく左右する。

では、研究者として独り立ちできるのは、どうなったときであろうか？　それは、次の二つの問いに対してしっかりと自分の意見をもち、自信をもってほかの人に説明できるようになったときである。

「自分の分野がこの先どう発展していくのか、またどう発展すべきなのか？」

「そしてその発展に貢献するためには、自分はどういう研究をすればよいのか?」

この二つに答えられるようになったとき、自然に「自分はもうそろそろPhDをとってもいいだろう」と思えるはずだ。

自分の専門分野の発展についての展望と、自分自身の貢献を語れるようになるためには、PhDをとるための研究を究めることが言うまでもなく必須だ。ただし、それだけでは不十分である。

自分の専門分野の将来についてある程度の洞察をもつには、まわりの分野についてもそれなりに理解していないといけない。そのために、寝る時間を削ってでも、「広く深く」勉強する必要があるのだ。私はMITに入った最初の年にこのようなことを大学院の先輩から言われたのだが、一年目に大切なことを教わっておいて本当によかった、と今でも感謝している。

PhDコース最後のイベント――博士論文審査

さて、そんなこんなで頑張って研究して、最後はいよいよthesis defense(以下、博士論文審査)である。「自分はもうdefenseをする準備ができています」と申告した者から日時を決めておこなうものなので、実施時期は学生ごとにばらばらである。

博士論文審査はふつう、一般公開のthesis presentation（発表四五分、質疑応答一五分くらい）と、そのあとで自分と論文審査委員会（thesis committee）だけでおこなうthesis examination（ふつうは二時間くらいで終わるが、論文に問題があるともっとかかる）の二部構成になっている。前半のpresentationは基本的に研究発表をするだけである。重要なのは後半のexaminationだ。

審査委員会には自分の指導教官のほかに四、五人の教授がいる。彼らから「この章のこの部分の説明が甘いね」とか、「この式、間違ってるんじゃない？」とか、「この測定結果、どうみてもおかしいからやり直すべきでは？」とか、博士論文の隅から隅まで、ありとあらゆる質問を受けるのがthesis examinationである。一般公開の発表は好評だったけれど、そのあとの審査で撃沈して「やり直しになった」といった話はたまに聞く（この場合は、指導教官の事前チェックが甘いということにもなるのだが）。

しかし、たいていの場合、博士論文審査はここいちばんの晴れ舞台だ。「頑張ったかいあって、こんなに素晴らしい結果が得られたんですよ！」と、学科のみんなに自分の研究成果を自慢する機会なのである。ＰｈＤコースの五年間で精神的にも鍛えられているので、審査委員会の連中なんか恐るるに足らず、である。それでも「できる」教授は鋭い質問をしてくるので、たじろぐこともあるかもしれないが、「かわし方」も身につけているはずなので、たいていはしのげるはずだ。

そして審査が終わると、「部屋の外で待っていて」と言われて、最後に審査委員会だけで「発表と質疑応答の出来」について議論し、ＰｈＤを与えるかを決定する。これが終わって無事合格した場合、指導教官がやってきて「Congraturations!（おめでとう！）」と言ってくれる。そして審査委員会の教授たち全員と固い握手を交わし、長いあいだの努力がついに結実した充実感を味わい、その日の夜は友達が用意してくれたパーティで飲みまくる、というのが定番パターンである。

以上がＰｈＤコースの約五年間の概要だ。一に研究、二に研究、三、四がなくて、五に研究、みたいな書き方をしてきたが、単に研究に重点を置いて説明してきただけで、もちろん研究以外にも海外生活ならではの楽しみがいろいろとある。とんでもなく忙しいけれど充実した、厳しく

も楽しい五年間が過ごせると思って、まず間違いない。

雑用のない生活

ここで、アメリカの大学院生活と日本との大きなちがいを紹介したい。

日本の理系研究室では技官の数が圧倒的に不足している。潤沢な研究資金を獲得している研究室だと技官も多くいるかもしれないが、そういうところはかなり珍しいだろう。アメリカの研究者が成果をどんどん出していける背景には、技官や秘書のような仕事をする「サポーティングスタッフ」と呼ばれる人の数が桁違いに多い、という事実がある。彼らのおかげで、教授、学生、そしてポスドクの面々は純粋に研究（と教育）だけに専念することができるのだ。

私が学位をとった、ＭＩＴとウッズホール海洋研究所（ＷＨＯＩ）の共同プログラム（MIT-MHOI Joint Program）の例を紹介しよう。この海洋研究所には約二〇〇人の研究者のほかに、なんと約八〇〇人のサポーティングスタッフがいる。サポーティングスタッフをこんなに多く雇える理由の一つは、日本とちがって、彼らのポジション（雇用契約）はたいてい非常勤だからである。つまりプロジェクトごとに雇ったり、五年契約で雇ったりと、かなり流動的なのだ。

これは、コロコロ転職するのがわりと当たり前なアメリカの風土によるところも大きい。終身雇用のほうが当たり前で、一度増やした公務員の数をなかなか減らせない日本とは状況がまったくちがう。

また、サポーティングスタッフを雇う資金を調達するのは教授の仕事なので、「研究だけに専念できる」というのは、じつは教授には当てはまらない。しかし、資金調達は学生には無関係だ。目に見えないところで誰かが頑張って、自分が研究に専念できる環境をつくりだしてくれているのだ、と思っておけばいい。少なくとも大学院生時代の私にとっては、まさに「夢のような」環境だった。

私が日本で修士課程の二年間を過ごした研究室では、コンピュータの管理や観測機器の開発などは、学生がやるのが当たり前だった。とくに、私はコンピュータ関連が得意分野だったので、さまざまなソフトのインストールや動作確認、ネットワーク管理、ウェブページ作成など、ありとあらゆる仕事をまるでシステムエンジニアのようにこなしていた。おかげで、コンピュータについてかなりくわしくなれたし、そういう仕事もそれなりに楽しいのだが、この種の雑用を究めたからといって、研究を進めるひらめきにつながったりはしない。しかし不思議なもので、日本にいるあいだは、「じつは自分は時間を無駄にしている」ということになかなか気づかなかった。

学生が何をもって幸せと感じるかは、研究室の環境で決まると言っても過言ではないだろう。大学という大きな組織の中にいるのだが、日常生活を支配するのは「研究室」という非常に狭い世界である。たとえ雑用に多くの時間を奪われていたとしても、指導教官から重宝がられたりすると、たいした研究をしていなくても時間を有意義に使っていると錯覚してしまいがちである。

私が、じつは自分はほとんどの時間を研究に使っていなかったのだ、と気づき愕然としたのはアメリカに留学してからだった。アメリカの研究室では、コンピュータの管理なんか、当然それ専門のサポーティングスタッフの仕事なので、私がやらないといけない雑用というものがまったくと言っていいほどなかった。「思考のために自由に使える時間」が目の前に突如、無限に現れたような感覚にとらわれたのを覚えている。

もちろん、研究室によっては、学生にも雑用が回ってくることがあるかもしれない。しかし、サポーティングスタッフも必ずいて、雑用の絶対量は確実に少なくなっているはずだ。この研究環境のちがいは日本の学生にぜひ知っておいてもらいたいところである。

才能を伸ばそうとする文化──健全なピラミッドをつくるために

立志編のしめくくりとして、私が気に入っているアメリカの文化について、あと一つだけ書いておこう。それは、「少しでも見込みのある人間をできるだけ早く見いだして育てよう」という風土だ。これはヨーロッパの国々にもあるのかもしれないが、私はヨーロッパに長く住んだことがないので、その辺の事情はわからない。しかし、日本にまるっきり欠如していることだけは確かである。

才能ある人間を援助するという姿勢は、考えてみると至極ふつうのことなのだが、アメリカではそれをかなり一生懸命、ときには必死になって、そしてあらゆるレベルで実践している。そういう姿勢が私の目に新鮮に映るのは、私が日本人だからかもしれない。日本は、「出る杭は打たれる」という諺がじつにしっくりくるようで、若い芽を摘みとることに長けている印象を受ける。もちろん、ずば抜けて優れた人はそういう逆境をも跳ね返すことができるかもしれないが、そういう人はまれである。だから日本では、ほんのわずかの例外的に優れた人たちと大多数の平均的な人の集まりがあって、そのあいだが存在しない。つまり極めて層が薄い状態になっている。これに対してアメリカでは、実力を反映した、わりと健全なピラミッド構造が形成されている。トップの人たちはもちろん超優秀だが、その下の中堅層も相当優秀で、さらにその下はなかなか優秀、……といった感じで続いている。

日本のように層が薄い状態は健全ではない。というのは、たいていの場合、優秀な人の数よりも重要なポストの数のほうが多いからだ。少数の優秀な人と大多数の優秀でない人しかいないと、少なくとも一部の重要なポストは年功序列やコネなどによって、優秀でない人で埋められてしまうことになる。そうなると悲惨である。ポストの重要性と実力が比例していないと、「実力がないのに責任ある地位についてしまった人間」と「実力があるのに上にいけない人間」と「実力がないのを棚上げにしてシステムを非難する人間」が入り乱れて、わけのわからない事態になるからだ。

そういう環境で、果たして次の世代がちゃんと育つだろうか。たぶん育たないだろう。そうす

図1-3　健全なピラミッドと不健全なピラミッド

ると、あとはもう負のスパイラルだ。

アメリカでもまったくないとは言わないが、日本では「他人の足を引っ張る」とか「人の成功を妬む」という側面が強い。これは、実力が正当に評価されないシステムに原因があるかもしれない。

その点、アメリカはかなりはっきりしている。いわゆる明朗会計というやつだ。実力に応じてそれなりの待遇を受けるという、これまた考えてみると至極ふつうなことなのだけれど、それが当たり前におこなわれている。

私がアメリカ大学院留学を勧めている理由の一つは、こういう文化が背景にあるからだ。自分の実力を試したい学生、自分のポテンシャルは高いはずだと信じている学生は、ぜひアメリカに来て挑戦してほしい。成果が出せる人間をごく自然に高く評価してくれる、単純明快な国である。

実録・私はいかにして留学を決意したか①

「お金はいりませんよ」

私はなぜか昔から「いつか留学してみたい」と思っていた。しかし、実際に留学できたのはいくつかの偶然が重なったおかげだった。振り返ってみると本当に人生っておもしろい。

最初のきっかけを与えてくれたのは、ロバート・ゲラーさんという地震学者だった。ゲラーさんは現在、東京大学名誉教授で、二〇一七年に定年を迎えるまで地球惑星物理学科の教授だった方だ。私が学部生だったころは、まだ助教授だった。ゲラーさんは生粋のアメリカ人で、カルテクでＰｈＤをとったのだが、日本が大好きで東大に就職した。また、ブリッジの世界的名手で、つまりずばぬけた記憶力の持ち主で、そのおかげなのか日本語がとても堪能である。地震学の講義も日本語でおこなっていた。

もしかしたら地球科学にくわしくない人でも、ゲラーさんを知っているかもしれない。彼は地震予知研究「撲滅」運動の急先鋒としても有名な人で、その手の記事を雑誌に投稿したり、解説者としてときどきテレビに出演していたりする。ご覧になったことがある読者もいるだろう。

あるとき、彼の授業の一環として、茨城県つくば市にある地震観測所を見学しに行く

COLUMN

イベントがあった。みんなでミニバンに乗ってレッツラゴー、という遠足みたいなものだった。その途中、休憩所で昼食をとっているときに、なにかのはずみで私がアメリカの大学院について触れると、ゲラーさんが
「あなたは留学に興味があるのですか?」

と聞いてきた。

「ええ、でもアメリカの大学院は授業料がとんでもなく高いですから……」

と答えると、ゲラーさんはこう言った。

「アメリカの大学院に行くのにお金はいりませんよ。生活費も出ますよ」

　これには、非常にびっくりした。


　えー、お金かからないのー? まじ? まじで? そんなー、知らなかったー、知らなかったー、知らなかったー……


　そのとき受けた衝撃で、その日はずっと留学のことばかり浮かんできて、肝心の地震観測所の説明はまったく頭に入らなかった。

　今思うと、それまでは「お金がかかるから留学は無理」と、お金がかかることを言い訳にして留学という夢をあきらめていたような気がする。「憧れはあるけど、やっぱり

大変そうだし。ま、そもそも僕にはそんなお金ないしね」と、挑戦しない理由を自分に言い聞かせていたのだ。でも、お金がかからないのなら、そういう言い訳はもはや使えないわけで、急に留学が現実味を帯びた目標になった。

そうか、お金はかからないのか。なら頑張れば僕でも行けるじゃん。頑張れば。

ゲラーさんには「第一の扉」を開いてもらったようなもので、今でも感謝している。しかし、「留学にはお金がかからない」と知るのはほんの第一歩にすぎず、実際に「絶対に留学してやるぞ」と決意するには、もう一つのきっかけが私には必要だった。

留学の準備は面倒である。卒論や修論のための学業をこなしつつ、準備を進めないといけない。なにかこう、体の中から燃え上がる決意のようなものがないと、面倒くさがり屋の私には無理な話だった。

本書は言うなれば、ゲラーさんの「お金はいりませんよ」のひと言に相当するものではないだろうか。留学するために何をすべきかを知ることと、それを実行することはまったくの別物なのだ。

第 2 章

準備編

さて、いよいよ準備編である。希望する大学院に合格できるかどうかは、さまざまな要素の総合評価で決まるので、「こうやれば絶対合格」という必勝法がない。なので、留学準備は「打てる手はすべて打つ」ことが大切だ。学生の身分でできることとしては、

留学可能性を高めるための方策：

①アプリケーション（願書）の質をできるだけ高める
②コンタクトをとり、さらに訪問して自分を売り込む
③日本で海外留学向けの奨学金をとる

の三つがある。

2-1 アプリケーション（願書）

まず、入学を志望する大学院に提出するアプリケーションの内容からはじめよう。必要な書類をそろえて、手続き料と合わせて提出したら、あとは結果の通知を待つしかない。このアプリケーションの用意は、留学準備の集大成ともいうべき作業である。「アプリケーションを提出する

こと」＝「その大学院を受験すること」なので、アプリケーションのためにどういう準備をすればいいかを、はじめにしっかりと把握しておくことは大切だ。

アプリケーションに必要なもの

アプリケーションに必要なものは以下の七つである。

アプリケーションの要素：

①応募者のさまざまな情報（生年月日、学歴など）を書き込む書類
②ＧＲＥの成績※
③ＴＯＥＦＬの成績
④学部一年からこれまでの成績表（大学の事務で英語版を発行してもらえる）
⑤推薦状（ふつうは三通）
⑥エッセイ（志望理由書）
⑦手続き料（ふつうは一〇〇ドル前後）

要素①と⑦については説明の必要はないだろう。要素②から⑥はすべて大切である。選考委員

会はこれらすべてをじっにくわしく検討する。裏を返せば、すべての要素が合格水準に達していなくても、選考委員会に強くアピールするものが一つか二つあれば、それが高く評価されてほかの欠点を補うこともある。私もそういう例をこれまでいくつも見てきた。

選考委員会はこれらの要素をどのように評価するのか、という視点から、またどうすればよくなるのか、ということも含めて、本章では、要素②から⑥について一つずつ説明していく。

ところで、すでにお気づきのように、日本とちがって、アメリカでは大学院独自の入学試験というものはない。要素②GREも③TOEFLもアメリカ標準のテストである。なので、これらのテストでよい点をとることは単なる最低条件に過ぎない。（注：じつは二〇一九年からGREのスコアを要求しない大学院がポツポツと出てくるようになった。この点についてはのちほどくわしく説明したい。今のところはまだGREのスコアが必要な場合が大半なので、本書では必要であると仮定して話を進めていく。）

また、今現在自分が通っている大学でしっかりと勉強することも当然大切だ。学部の成績（要素④）が悪ければ、選考委員会に与える印象が悪いことは言うまでもない。

志願者一人ひとりの個性が出てくるのは要素⑤推薦状と⑥エッセイだけなので、この二つが決定的な役目を果たすことになる。つまり、日本の大学入試にたとえると、要素②と③は「センター試験」、④が「内申書」、そして⑤と⑥が「二次試験」のようなものである。

それでは、本人の努力だけではどうにもならないことが多いけれど、審査側が最も重視する「推薦状」から説明することにしよう。これは、場合によっては「準備」に最も時間がかかる項

目かもしれないからだ。

推薦状ですべてが決まるわけではない

最初に念を押しておくが、推薦状が最も重視される要素だからといって、素晴らしい推薦状があれば合格が保証されるというものではない。テストの点も今までの成績もよくて、推薦状の内容も文句のつけどころがない学生でも、希望する教授のほうで新しく学生をとるつもりがなければ、その大学院には入れないかもしれない。

しかし、前にも書いたように、アメリカにはトップレベルの大学院が数多くあるから、「この教授でないと留学する意味がない！」とまで思い詰めているわけでなければ、ふつうは数校から十数校に応募するものである。よって、上記のような理由で落ちてしまうところがあっても、よいアプリケーションを準備できていればほかの大学院に合格できるはずだ。なので、最初からあまり志望校を絞りすぎないようにしよう。

また、推薦状がいまいちでも、ほかの要素が優れていれば、なんとかなる場合もある。合否はあくまでもアプリケーションの「総合印象」と大学側の「需要」で決まる。よって、私がこれから書くことを読んでも、「自分は有力な推薦者と面識がない」＝「留学は無理」と、早合点しないように注意しよう。留学したいと強く希望し、そのための努力を惜しまない人は必ず留学でき

るはずだ。アメリカへの理系留学には、それだけ多くの選択肢があるのだ。

よい推薦状の条件——知名度の高い研究者に書いてもらう

さて、いったいどういう推薦状が「よい推薦状」なのだろうか？　それは、少なくとも以下の二点を満たしているものである。

よい推薦状の条件：

①志望大学の教授が知っている人物が書いたもの（といっても、個人的な知り合いである必要はない。その分野で名が知られている研究者に書いてもらう、ということである）。

②その学生がいかに優秀であるかを「具体的に」書いたもの。

いくら学生を褒めちぎった推薦状でも、どこの誰だかわからない人が書いたものだと、まったく意味がない。日本の一流大学（入試で高い偏差値を要求するところ）の教授だからといって、国外にまで名が知られているとは限らない。東大の先生でも世界的に見ると無名な人はゴロゴロしている。逆に、いわゆる一流大学でなくても、世界的に名の知られている研究者は探せばいるのだ。

大学院生ともなれば、どの教授がよいか、つまり（ここの文脈では）アメリカでも高く評価されている研究者かどうかの見当はつくと思うが、学部生ではむずかしいかもしれない。しかし、次に述べるように、いくつかの客観的指標を組み合わせれば、わりと簡単にわかる。

よい推薦者の探し方①――論文リストをチェックする

推薦者として最も望ましいのは、「世界に通用する研究」をしていて、かつ「アメリカのＰｈＤコースのことをよくわかっている」人物だ。両方の条件を満たしているのがもちろんベストだが、どちらか一方を満たすだけでもかなりポイントが高い。この二つの条件を満たすかどうかを見極めるのは、それほどむずかしいことではない。

まず、世界に通用する研究をしているかどうかだが、これは、その人が今まで出版してきた論文のリストを見ればわかる。最近は、どこの大学の研究室でも見栄えのよいウェブサイト（ホームページ）をつくるのが当たり前になりつつある。その中には、必須項目として論文リストのページが設けられているので、最近ではわりと簡単に手に入る情報である。グーグル社が提供するGoogle Scholarという無料の論文検索システムを併用すれば完璧だ。論文リストに単なる学会発表の予稿を載せている人もたまにいるので、学術論文だけに注目しよう。

そして「本当の論文リスト」を以下の二つの視点で眺めてみるのである。

論文リストの注目ポイント：

①1st authorとして書いている論文が何本あるか（たくさんの共著者の中の単なる一人、という論文ばかりでないかどうか）。

②一流の学術誌に載った論文は何本あるか。Nature と Science はもちろん別格だが、その分野でいちばん大きな学会（アメリカの学会であることが多い）が出しているジャーナルはたいてい一流である。このあたりは分野ごとに異なるので、学部生は頼りになりそうな大学院生に聞いてみよう。

一人の教授の論文リストだけを見ていてもよくわからないだろうから、同じ分野のアメリカの大学の教授と比較してみるとよい。少なくとも一〇人以上のリストを見て、判断する目を養おう。ちなみに注目ポイント①の「1st author」についてだが、分野によっては、一本の論文にたくさんの共著者がいて、最後の共著者がいちばん偉い人（研究室のリーダー）であるのがふつうだったりする（実験系に多い）。このような、分野によってちがってくる常識については、まわりの人に尋ねて把握しておこう。

「いやー、アメリカでは publish or perish（論文を書かなければ職を失ってしまう）と言って、たいしたことのない論文を量産しないといけないんだよ」などと言う人がいるかもしれない。たしかに、同じような論文をちがう学術誌に投稿して論文の数だけ増やしている、とんでもない輩(やから)

もたまにいる。そういうエセ業績を見破るには、一流の学術誌の論文だけに注目するといい。自動的にフィルターがかかって、数が減るはずである。

アメリカの第一線の研究者と比べても遜色のない論文リストをもつ日本の教授の数はかなり限られる。研究環境のちがいもあるし、そしてやはりpublish or perishのプレッシャーがないと、論文を書くために寝る時間を削ることまではしないかもしれない。そのような理由から、同じくらい優秀な研究者でも、アメリカにいるのと日本にいるのとでは論文の数に自然と差が出てくるものである。だから、一流学術誌に出している論文の数でやや見劣りすることがあっても、あまり気にすることはないだろう。

しかし、そういう論文が「ほとんどない人」は赤信号である。サイエンスは論文発表というかたちで研究者どうしが「会話」をしながら発展していくものなので、論文を出版していない人はほとんど「発言」していない無口な人ということになる。当然、無口な人がアメリカ大学院の教授たちに知られているはずがないので、推薦状の書き手としては望ましくない。

ちなみに、この論文リストをチェックするという作業に慣れておくと、志望校選びのときにも大変役に立つ。どうせネットサーフィンをするなら、こういうことに時間を使おう。

また、論文リストをチェックする際には、リストの中の論文を何本かダウンロードして読むこと。基本的に、日本の学生は英語の論文を読む量が圧倒的に不足している。留学したいと本当に思っているのなら、日頃からできるだけ多くの論文を読むようにして、英語圏での研究生活に体を慣らしておくことが大切だ。

よい推薦者の探し方②――アメリカPhDコースへの理解度

次に、「アメリカのPhDコースのことをよくわかっている」という条件について説明しよう。これは、本で読んで「知識」としてわかっているという意味ではなく、なんらかのかたちで「体験」してわかっているという意味である。

アメリカから見ると、日本の大学は「異国のシステム」なので、そこでどの程度の教育がなされているのかよくわからない。つまり、推薦状を書いてくれる人が世界的に有名な研究者でもないかぎり、「彼は、自分が今まで見てきた中では飛び抜けて優秀な学生だ」と書いてもらうだけでは、意味のある情報にならない。推薦者が推薦状を大学院に提出する際には、大学院側からのいくつかの質問にも答えないといけないのだが、その質問の中にはたいてい「自分がこれまで見てきた学生と比べて、この学生はどの程度優秀か？」というものがある。回答には選択肢が用意されていて、最高評価が「Truly exceptional（まれに見る逸材）」で、その下に「Top 5%」「Top 10%」などが続く。ただし、日本の大学は、国内では一流と呼ばれるようなところでも、アメリカではたいして高く評価されない。たとえ「Truly exceptional」と書いてもらったとしても、それほどのインパクトはない。

たとえば、東大は日本国内では随一のネームバリューがあるが、アメリカの研究者のあいだでは「University of Tokyo? Tokyo って日本の首都だから、きっといい大学なのだろう」くらいの知名度である。と書くと、ちょっと誇張しているのではないかと疑われそうだが、そんなことはない。なにしろアメリカには世界トップクラスの大学が数多くあるので、アメリカの研究者はよその国の大学のことまで気にする暇がないのだ。

一方で、たとえばアメリカのそれなりの大学院でＰｈＤをとった人が「この学生は優秀だ。彼はそちらのプログラムで十分やっていけるだろう」と書くと、話はべつである。アメリカの大学院側にしてみれば、アメリカでＰｈＤをとった人には「同じ釜の飯を食った仲間」のような親しみを自然と覚えるものだからだ。

推薦状を書く人は「この学生はそちらの大学院で十分やっていける実力をもっている」ということを、なんらかの表現で伝えなくてはいけない。推薦状を書く本人がアメリカでのＰｈＤコースを体験して理解していると、自然と推薦状に説得力が出てくる。アメリカでなくても、イギリス、カナダ、オーストラリアなどの英語圏の大学院でＰｈＤをとった人であれば同じような効果がある。また、自分自身は留学経験はないけれど、自分が過去に指導した学生の中に留学経験者がいる教授であれば、「うちの大学でこのくらいできている学生でも、アメリカではやっていけないのか」とか、「このくらい優秀な学生だったら、アメリカに行っても大丈夫」とか、ある程度の見当がつくはずだ（これまで育てた学生の中から何人も留学生を輩出しているような教授だ

と、その人自身がすでに有名な研究者である可能性が高いが)。

というわけで、推薦者がアメリカPhD事情にどのくらい通じているかを確認することは、とても大切である。肩書きが教授でなくても、助教授や助教であっても、アメリカの一流校でPhDをとった人が書く推薦状は高く評価される。

推薦者のそろえ方

さて、前述のように、推薦状は計三通集めないといけない。自分のことをよく理解してくれていて、志望校の教授陣にも名が知れている人が三人いれば、とくに問題はない。ただ、そういう幸運に恵まれている学生は限られているだろう。

また、推薦状を書けるくらいに自分のことをよく理解してくれている人、という基準も曖昧である。指導教官はもちろんいちばん理解してくれていると思うが、それ以外の教授とはあまり付き合いがない、という学生も多いだろう。世界的に名が知られている研究者が近くにいたとしても、あまり面識がないと、推薦状を書いてもらう意味がない。推薦状というのは形式的なものではなく、内容が「具体的に」書かれていないと効果がないからだ。

推薦者にしてみても、あまり知らない学生の推薦状など、そもそも書きようがない。したがって、アメリカ大学院留学における推薦状の意味をわかっている人であれば、よく知らない学生か

ら推薦を頼まれても、まず引き受けないだろう。なので、「君が書いてきたものにサインするから」なーんて、横着かましている教授はもちろん論外である。もし指導教官がこういう人だった場合は、ほかの二通でなんとかカバーするしかない。

ちなみに、学部卒（学士）と修士では推薦状に要求されるものがちがう。学部卒だと研究の経験が限られているので、授業での出来に重点が置かれる。修士だと、逆に修士論文の研究に対する評価が大切になってくる。

いずれにせよ、推薦状三通の書き手（推薦者）の内訳は

推薦者（候補）：
①卒論や修論の指導教官
②授業をとったことのある教官
③学科長

というパターンが多い。推薦者③の学科長の役目は、「うちの学科には一学年全体で学生が五〇人いるが、彼女はその中でもずば抜けて優秀なので、教授陣のあいだでも評判だった」といったタイプの推薦状を書くことである。学科長は役職柄、すべての教授と話をするわけで、「全体的にみてどうか」というコメントに説得力がある。また学科長ともなると、有名な研究者である可

能性も高い。これは「個人的にはあまり面識はないけれど、ネームバリューのある（かもしれない）研究者に推薦状を頼める」例外的なケースである。もちろん、学科長の授業でよい成績をとっていた場合は、さらにポイントアップが望める。

次に、推薦者②の授業をとったことがあるだけの教官だが、学部卒で留学を希望する場合には「とても大切」である。というのも、学部のあいだに手早くこなさなければならない卒論研究の成果に、大学院側はそもそもあまり期待していないからだ。卒論研究が優れたものであろうとなかろうと、「一生懸命」やったのならばそれで十分なのだ。学部卒の志望者の場合、卒論研究の成果よりも「基礎学力」がきちんと身についているかが重視される。

なので、たとえば物理系の学科を目指すならば、履修した数学や物理の授業の担当教官に頼んでみよう。まちがっても、楽しくて成績もよかった「西洋史」や「心理学」の先生に頼んではいけない。わりとむずかしかったけれど、頑張って勉強したのでよい成績がとれたという理数系の授業があれば、その担当教官に書いてもらおう。この場合、推薦者となる教官自身の知名度はほとんど問題にならない。なぜなら、この教官が書く推薦状のおもな役目は、「自分はこれこれこういう内容の授業を教えている。学生の数は毎回三〇人くらいで、これはかなり上級のクラスなのだけれども、彼はきちんと授業についてきてテストの成績もよかった。授業のあとにも積極的に質問しにきて、わからないことがあると、それを解決する努力を惜しまないタイプだ」というように、基礎学力があるかどうかを証明することだからである。

このパターン以外のそろえ方もありえる。二人の教授から研究の指導を受けたことがあるのなら、指導教官だけで二通になるので、あと一通を学科長または授業の担当教官に頼めばよい。

この際気をつけるべきことは、三名のうち誰か一人は「世界的に名が知られている人」か「海外でPhDをとった人」でないと、推薦状全体の印象がかなり弱くなるということだ。逆に、一人でもそういう推薦者が混ざっていると、その人のおかげでほかの二通の信頼性も上がるのである。また、助教以上のポストに就いている人物であれば、推薦者の年齢や肩書きはさほど重要ではない。

ちなみに、英語の先生からの推薦状を必須の三通以外の補足として（つまり四通目として）提出するのはかまわないが、それを含めて三通とするのは避けるべきである。推薦状はあくまでサイエンスの才能について書かれたものでないと意味がないからだ。

いちばんいいケースは、やはり研究を指導してくれた教授に強い推薦状を書いてもらうことだ(推薦者①)。その意味で、留学を目指すならば、卒論や修論のテーマ(研究室)は慎重に選ばなくてはいけない。どの人に指導教官になってもらうかを決める段階から、すでに留学の準備ははじまっているのだ。

また、指導教官が素晴らしい業績の持ち主でも、自分の学生が留学することに反対するような人だと、後々トラブルになる可能性がある。このタイプの教授はじつは少なくないので、注意が必要だ。研究室を決めるときに、留学についてどのような考えをもっているかをあらかじめ聞いておこう。

優秀な学生に逃げられたくない、という考え方は了見が狭いように思うのだが、日本の教授にしてみたら死活問題かもしれない。第1章「立志編」でも触れたように、海外PhD組が増えることは、長期的に見れば、確実に日本の科学界のためになる。しかし、このような一般論には賛成でも、「自分の学生が留学する」ということになると話はべつ、という人もいるだろう。「君程度の実力ではアメリカでやっていくのは無理だよ」とか、「留学すると、将来日本でポジションをとるのが大変だよ」とか、いろいろ気を削ぐようなことを言う人もいるかもしれない。しかし、アメリカの大学院でやっていけるかどうかは応募する大学院側の人間が判断することであ

る。また、アメリカのＰｈＤに対して閉鎖的な分野は、そもそも将来性がないところではないだろうか。

最後に、どうあがいても「世界的に名が知られている人」や「海外でＰｈＤをとった人」との接点が見いだせない場合は、少なくとも次の二つの解決策がある。

強力な推薦状を得られそうにない場合にとるべき手段：

①学部生なら、そういう教授がいる大学院を受験して、その人の指導のもとで修士号をとる。大学院受験は大学受験と比べるとかなり楽である。大学在学中に学問に目覚めた人は、大学院入試の過去問を集めてまじめに勉強すれば、かなりの確率で合格できるはずだ。過去問を集めてきちんと攻略法を立てておくことが肝要である。修士号をとってからアメリカのＰｈＤコースに挑戦しても、決して遅くはない。

②修士課程の学生で、専門分野の研究の動向がある程度理解できるレベルになっていれば、志望校を訪問して自分を直接売り込むという手がある。そもそも推薦状というのはこの「売り込み」をしてくれるものなので、それを自分でやることになる。ただし、この売り込みにはかなり高度なテクニックを要するので、次節でくわしく説明することにしよう。

推薦状の書き方①——必須の三要素

まず断っておくが、本来なら「推薦状の書き方」は学生が気にすべき問題ではない。なぜなら、本人が書くものではないし、推薦者が書いたものを見ることすらふつうはできないからだ。推薦状はたいていの場合、推薦者が直接大学に送ることになっている。

前にも書いたように、「インパクトのある推薦状をちゃんと書ける」指導教官を探すところから、留学の準備ははじまっている。しかし、そう悠長なことは言っていられない切羽つまった人もいるだろう。「自分で書いた推薦状にサインをしてもらう」とか「下書きをつくって教授に渡す」といった裏ワザに頼りたくなるかもしれない。しかし、こういうのはもちろん論外である。1－1節の「アメリカ留学はギャンブルではない」の頁で述べたように、アメリカの大学院に合格できたということは、頑張ればちゃんとPhDがとれるだろう、と大学院側が応募書類をもとに判断したということである。しかし、肝心の応募書類に不正があると、そういう保証がなくなってしまうことになるのだ。

審査する側はそれだけ推薦状を重視する。テストのスコアがよくて、学校の成績がよくて、エッセイもイケている、そういう学生の書類を前にして選考委員の教授陣が最初に言うことは、

“What do the letters say?”（推薦状には何と書いてあるのか？）

なのだ。

しかし、もしかしたら、自分の教え子が「留学したいんですけど、推薦状を書いてもらえませんか？」と言ってきて、困っている教授が本書を読んでいるかもしれない。「うーん、この学生はとびきり優秀だから手放したくはないけど、この子の将来を考えると、たぶんアメリカに行ったほうが伸びるんだろうなー。なんとか手助けしてやりたいものだ」などと思っているかもしれない。そういうお困りの教授のために、アメリカ流推薦状の書き方について手短に説明しよう。

まず、当たり前のことだが、次の三要素が入っていないといけない。

推薦状の必須要素：

①自分はこの学生をどのくらい知っているか（時間の「長さ」とつきあいの「深さ」の両方について書く）。

②この学生の能力はどの程度のものか。なぜそう思うのか。

③この学生は志望校のプログラムでやっていけるだけの実力があるか。

要素③は、「よって、私はこの学生をあなたのプログラムに自信をもって推薦します」といった感じの、結びに相当するので、どちらかというと形式的なものである。推薦状のよし悪しは、

要素②がどのくらい具体的に書かれているかで決まると言ってもよい。次項で例を示しながら説明する。

推薦状の書き方②――具体的に褒める

推薦する学生をどう褒めればいいだろうか。たとえば「彼女は素晴らしい才能を秘めた学生だと思う」では、何がどう素晴らしいのかさっぱりわからないが、「私はこれまで二〇年の研究生活の中で、のべ四六人の学部生と三〇人の大学院生の面倒を見てきたけれども、彼女はその中でも確実に五本の指に入る逸材である」だと、少しは具体的になる。

しかし、推薦状というのは非常にパーソナルなものだ。あまり形式ばらずに「いや、僕はホントこの学生はいいと思うよ。というのはね、……」みたいなノリで、個人的なエピソードのようなものを織り交ぜて褒めると説得力が出る。たとえば、

彼女は僕の指導のもとで、流体力学の数値計算プロジェクトに従事したのだけれど、基礎物理をじつに深く理解していて、かつどんな些細なことも見逃さない注意深さも兼ね備えていることがよくわかった。僕が感心したことはいくつかあるけれど、いちばん驚いたのは、他人が書いたプログラムをそのまま使うのは嫌だと言って、全部自分でゼロから書いたことだ。もちろ

ん、これは「研究の効率」という視点でみれば賢明とはいえないかもしれしれない。しかし彼女は、「ゼロから書くことによってプログラムの隅から隅まで完璧に自分のものにできるし、物理ももっと深く理解できるようになると思う。高いレベルの理解を得るためには、それだけの時間を使う価値がある」と主張して、実際、彼女自身の新しいプログラムを書き上げたんだ。そしてその後の彼女の進歩は目覚ましいものがあった。そのプログラムをどんどん改良していき、それまでうちの研究室ではできなかったタイプの計算までできるようになったんだ。……

といった感じで熱く語ってもいい。というか、インパクトのある推薦状には、おしなべてこんな〝熱さ〟がこもっている。逆に言えば具体的な話がないと、相手には何も伝わらない。

また、そこまで深くは知らない学生の推薦状を引き受けた場合は、自分が知っている範囲で書けばよい。べた褒めするだけが推薦状ではない。しょーもない学生を持ち上げれば、学生の質を見極める眼力がないと思われてしまうだろう。自分の評判に傷をつけるようなことは避けたほうがいい。トップクラスの教授が書いた推薦状には、学生を手放しで持ち上げるようなものは少ない。あえてネガティブなことを書く必要はないが、「褒められるところだけ褒める」方針で書くようにしよう。当たり前だが、嘘を書いてはいけないのだ。

推薦状は決して形式的なものではない。大学院側からすれば、授業料と生活費を全額出してまで採用すべき学生かどうか、その見極めをするときに決定的な役割を果たすのである。

エッセイとは

アプリケーションの要素の一つである志望理由書（statement of purpose）は、一般に「エッセイ」（essay）と呼ばれる。私がPhDコースに応募したときには、この「エッセイ」という言葉の響きにかなり戸惑ったものだった。なにしろ頭の中で「エッセイ」＝「随筆」＝「徒然草」のような恒等式ができていたので、理系の大学院を受験するのに、なぜそんなものを書かなくてはいけないのかがわからなかったのである。でもいろいろ調べたら、べつに「随筆」を要求されているのではなく、「大学院でやりたい研究」について書けばよいことがわかって、かなり気が楽になった。

エッセイは、「どう書けばよいか」というポイントがわかっていれば、そんなにむずかしいものではない。高い評価を受けるパターンがだいたい決まっているからだ。もちろん、自分なりに工夫して文学的に凝った表現や言い回しを使って、一風変わったエッセイを書いてみてもいいのだが、効果はあまり期待できない。たしかにそういうものは選考委員の注目は集めるが、「このエッセイおもしろいよ、こんなふうな出だしなんだよ」というように、話のネタになる程度である。英文学科に応募するのでないかぎり、文学的な出来栄えで評価が変わることはない。

しかし、文法やスペルが間違っていると印象が悪くなるので、必ずネイティブ・スピーカーのチェックを受けるようにしよう。

エッセイの構成は

エッセイの構成：

①自分はこれまでどういう勉強／研究をしてきたか。
②大学院ではどういう研究をしたいか。なぜそう思うのか。
③どの教授のもとで研究をしたいか。
④ＰｈＤをとったあとはどういう道に進みたいか。

の順序で書けば十分である。だらだらと書くのではなく簡潔に、長くても二ページ以内（single spacing で、フォントの大きさは 11pt から 12pt）に収まるようにしたい。構成①から③までの流れが滑らかになるように、論理的なつながりに気をつけよう。構成②や④では、あまり細かいことを書く必要はなく、今後の研究生活について、どのような夢や希望を抱いているかを書けばよい。

これまでの研究でたいした研究結果が出ておらず、構成①の内容が充実していないとしても、そんなに気にすることはない。大学院側としては、これまでやってきたことよりも、これから伸びる可能性を秘めているか（基礎学力、やる気、独創性など）を重視するからだ。しかし、だからといって、自分が今日本でやっている研究、もしくはこれからやろうとしている研究の手を抜いてもいいというわけではない。学会発表や論文投稿ができるくらいのレベルの成果を出す努力をすべきだし、その過程での頑張りがエッセイや指導教官の推薦状に自然と反映されるものだからである。

ちなみに、見出しをつけたり、箇条書きにしたり、太字で強調したりすると、稚拙に見えてしまい逆効果である。そのようなビジュアルに頼らずに、相手にしっかりと読ませる文章を練り上げる必要があるのだ。

エッセイの勘どころ――どの教授のもとで研究をしたいか

構成③がエッセイのいちばんの〝勘どころ〟になる。エッセイに書く内容以前の注意点から説明しよう。

少なくとも本当に行きたい研究室（＋2、3の次候補）の教授とは、メールなどで事前に必ずコンタクトをとっておこう。そういう事前コンタクトなしに、いきなりエッセイで「この教授のもとで仕事をしたい」と書いても、「本当に？　それなら事前にコンタクトがあってもいいんじゃない？」とか「うちは滑り止めで受けてるな」と思われるのがオチである。面倒かもしれないが、コンタクトをとる手間を惜しまないように。好印象を与えるために気をつけるべき点はあとで説明するが、きちんとコンタクトをとっておくと、それだけでエッセイの評価が三割増しくらいにはなるはずだ。

教授と直接連絡をとり合うことで、その教授のもとでどういう研究がしたいかをより具体的に書けるようにもなる。つまり、的外れな志望理由を書いてしまう可能性がぐんと減る。

また、「この教授だけと研究をしたい」という印象を与える書き方はやめたほうがよい。実際そう思っていたとしても、どうせ書くなら、「A教授のもとでこういう研究がしたい。彼の研究室が取り組んでいる一連の研究テーマに非常に興味をもっていて（例を挙げる）、この手法を（これまで試されていない）この対象に応用してみたらおもしろいことがわかるのではないか、と思っている。またこのほかにも、B教授が取り組んでいるこのテーマやC教授の研究にも興味があり、機会があればぜひ挑戦してみたい」というように、少し幅をもたせて書くほうが無難である。その学科におもしろそうな研究をしている教授が一人しかいない場合は、その人だけに絞ったほうがいいかもしれないが、大きな学科であれば、気になる教授を二、三人くらい見つける

のはそんなにむずかしくはないだろう。

このように少しぼかして書いたほうがよい理由の一つは、大学院に入ってから気が変わることもあるからだ。応募時点における自分の理解レベルに頼り切るあまり、近視眼的になるのは避けたい。それまでまったく知らなかった研究テーマに心動かされることもあるかもしれない。あまりにもかけ離れた分野の教授の研究を持ち出すと、「こいつはいったい何がやりたいんだ?」と疑問をもたれてしまい、まったくの逆効果となるが、近い分野の教授の研究に軽く触れることによって、「この学生はわりと全体が見えているな」という好印象を与えることができる。（注：教授名簿の中にProfessor Emeritus〈名誉教授〉を一緒に載せている大学もあるので気をつけよう。Emeritusは退官してしまった人なので、もちろん学生を受け入れられない。またAdjunct Professor〈非常勤教授〉も、学生をとる・とらないの議論にふつうは参加できないので、そういう人も避けるべきである。）

エッセイで本気度を示す——具体的な研究計画

エッセイで自分の「やる気」を見せる唯一の方法は、構成②で「具体的に研究計画を書く」ことだ。これを実践するためにはそれなりの勉強・調査が必要なので、審査する側は研究計画の具体性を見ることによって、学生の本気度を測る。志望校の教授の論文をいくつか読んでみて、「こういうトピックや、ああいうテーマにはとても興味がある」のように、興味のあることをいくつか並べるのが常套手段である。

ちなみに学部卒（学士）と修士では、取り扱いが少しちがう。学部卒だと研究経験が少ないので、どうしても研究計画の「具体性」には限界がある。よって、学部卒のエッセイは少し甘めに評価される傾向にある。逆に言えば、修士だとそういう手加減はされないということになる。

どのくらい詳細に書くべきか、たとえば専門用語などを多用したほうがいいのか、ということはよく尋ねられるが、レベルとしてはScientific Americanの記事程度を目指すといいだろう。とくにむずかしい用語を使わなくても、高度な概念を伝えることはできるはずだ。大切なのは、「自分はこういう研究をしたい」と書くだけでなく、「なぜその研究をしたいのか」「どうしてその研究が大切だと思うのか」も論理的に説明することである。

最後に、エッセイの出だし（構成①）について簡単に述べておこう。エッセイは「僕は小さいころから何々が好きで」とか、そんなに昔の自分からはじめる必要はない。語りたければ語ってもかまわないのだが、高校の卒業文集ではないのだから、幼いころからの夢を語っても仕方がない。ふつうの日本人大学生の英作文力でそういう自由作文的な内容を書くと、稚拙な文章になってしまうことが多い。大学時代の自分の研究生活からはじめるのが無難である。

コンタクトのとり方

教授にコンタクトをとるにはふつうメールを送るのだが、会ったこともない教授にいきなりメールを出すのはためらわれる人も多いかもしれない。あるいは、私が学部生だったころとは時代がちがうので、今の学生はメールというものに抵抗がまったくなくて、逆に気軽に出せるのかもしれない。いずれにせよ、メールを書くときにはつねに「これを受け取った人がどう思うか」という視点で考えよう。手紙を書くときの基本なので、あえて強調することではないかもしれないが、意識して注意することは大切である。

メールを出したけれど返事がない、まったく無視されてしまうということはよくある。人気のある学科や有名な教授になると、「そちらの大学院に応募しようと思うのですが、くわしいことを教えてもらえませんか?」という類いのメールを世界中の学生から常日頃受け取っている。教授にしてみれば、会ったことも聞いたこともない学生全員に懇切丁寧に返事をしていたら、きりがないのだ。

メールを読んでもらういちばん確実な方法は、相手側も知っている人(指導教官など)から、あらかじめ「うちの学生がメールするはずなので、忙しいと思うけどよろしく頼みます」といった連絡を入れておいてもらうことだ。このような〝前振り〟があると、対応はかなりちがう。

そういうツテのない人は、なるべく「印象のよい」メールを書くように努力しよう。[Delete]

（受信メール削除）ボタンを押される可能性がいくらか低くなるだろう。印象をよくする基本は敬語表現だ。英語にも敬語表現があるのを知っているだろうか？　would とか could を使う言い回しだ。やや遠回しに表現すると丁寧に聞こえるのは、英語でも同じである。

そして、内容もできるだけ具体的に書くように努めよう。そのためには下調べが大切だ。最近では、ウェブで調べるだけでかなりのことがわかるようになった。興味のある教授のホームページを訪れて、どういう研究に取り組んでいるかじっくり見てみるのだ。論文のPDFを公開している教授も多いから、最低でも数本はダウンロードして目を通しておこう。メールに的外れなことを書いてしまうと印象が悪くなるので、しっかり読むように。

メールの文面にその教授個人に特有の情報（最近の研究内容など）が含まれていると、さらによい。「この学生は本当に自分の研究に興味があるんだな」「じゃあ時間をみつけて返事を書くか」となるわけだ。逆に表面的なことしか書いていないメールでは、複数の大学に宛名だけ変えて送りつけている横着なメールと同じになってしまう。

コンタクトメールの例

では、試しに書いてみよう。出だしは 図2-1 ①のような感じだ。指導教官などが事前連絡をしてくれた場合は、図2-1 ①の後半部を 図2-1 ②のように続けるとよい（細かいことだが、I'm と

か、you're とか、I've といった省略形は、このようなかしこまった文章では使わないのが作法である)。

次に、自分がこれまでやってきたことを簡単にまとめて、なぜその教授の研究に興味があるのかを説明する。そして、どういうプロジェクトに参加できるかを聞いてみよう（図2-1③）。要するにエッセイの超簡略版みたいなものである。エッセイをすでに書きはじめているのなら、それを短くまとめればいいし、そうでなければ、このようなコンタクトのメールを何通か書いているうちにエッセイの構想もまとまってくるのではないだろうか。

また、たとえばProfessor Suzukiがこの分野では有名な人だとしよう。事前連絡をお願いできるほど親しくはないけれども、留学について話をしたことがあるならば、図2-1③の後半を図2-2④のように書くと、相手もそれなりに対応してくれるかもしれない。こういうシチュエーションでは、やはり人脈が大切なので、使える人脈はできるだけ効果的に使おう。

そして、図2-2⑤のように結べばおしまいである。

メールを送る際は、できるだけ大学や研究機関のアドレスを使うようにしよう。そのようなアドレスをもっていない人は仕方がないが、ヤフーなどのフリーメールを使うと「どこの誰だか知らないやつ」という印象に拍車がかかってしまう。サブジェクト（件名）は"[Q] PhD opportunity"とか、なんでもいいから何か書くべきである。No Subject（件名なし）は絶対に避けよう。

Dear Professor Smith,

My name is Ichiro Ohtani, currently a second-year graduate student studying marine geophysics in the master's program at the University of Tokyo. I am planning to apply to the PhD program of your department, and as I am particularly interested in your research group, I would greatly appreciate if you could take a moment to respond to my inquiry. ①

As Professor Suzuki may have already mentioned in his email, I am planning to apply to the PhD program of your department, because of my great interest in your research. ②（①の後半の代替案）

In the master's program, I have been working on marine geomagnetism to reconstruct the fine-scale evolution of oceanic lithosphere and would like to investigate further the dynamics of oceanic mantle with different geophysical techniques in a PhD program. I have a growing interest in learning active-source seismology, which I believe provides the highest resolution regarding subsurface structure.

It would be great if I could pursue my research goal in your ocean-bottom seismology laboratory, and I am wondering if you are willing to take a new student next year. If so, I would like to know more about potential research opportunities you may have for incoming students. ③

図2-1　コンタクトメールの例（前半）

Professor Jiro Suzuki told me that your ocean-bottom seismology laboratory was a truly exciting research environment and strongly encouraged me to contact you. It would be great if I could pursue my research goal in your laboratory, and I am wondering if you are willing to take a new student next year. If so, I would like to know more about potential research opportunities you may have for incoming students.

④
（③の後半の代替案）

I hope I will hear from you sometime soon.

Best regards,
Ichiro Ohtani

⑤

図2-2 コンタクトメールの例（後半）

最初に出すメールはこのレベルで十分である。もう少しくわしく自分のことを説明したい人はしてもかまわない。また、返事がきたら、メールで何回かやりとりをするのがふつうなので、聞きたいことを一度に全部聞こうとしないようにしよう。相手に返事をするのが大変だと感じさせてしまうのは、得策ではないからだ。たとえば、自分のテストのスコアが合格水準に達しているかどうか質問するのは、二通目以降のメールにしたほうがいいだろう。

メールを出すタイミングは、留学したいと思っている年の前年の七月から九月くらいが妥当である。これより前だと、教授のほうで来年の予定がまだはっきりしていないかもしれない。これより後だと、もしテストのスコアが合格水準に達していないとわかったときに、受け直すのが大変になる。

また、送信する前に、スペルチェックは欠かさないこと。一つでもスペルミスや文法の間違いがあると、それだけで印象が悪くなってしまう。

受けなければいけないテスト

ＧＲＥはGraduate Record Examの略で、これはアメリカの大学院に応募する人は誰でも、つまりアメリカ人であろうが日本人であろうが、すべての進学希望者が受けなければいけないテストである。ＧＲＥにはGeneralとSubjectの二種類があって、志望する学科によってはSubjectのスコアは要求されない場合もある。よって、正確にはGRE Generalが、「すべての受験生が受けないといけない標準テスト」ということになる。Subjectというのは、「Physics」「Math」「Chemistry」……といろいろな科目に分かれているテストで、学科によって要求される科目が異なる。たとえば、物理学科に応募する人はPhysicsのテストのスコアを要求されるのがふつうである。

ＴＯＥＦＬはTest Of English as a Foreign Languageの略で、これはＧＲＥとはちがって「英語を母国語としない人」に課されるテストである。よって、アメリカ人やイギリス人には関係ない（日本人であっても、英語圏の大学を卒業している人は受ける必要はない）。

ということで、日本人の学生はふつう、GRE GeneralとＴＯＥＦＬの二つは必ず受ける。応

募する学科によっては、さらにGRE Subjectの中の指定科目も受けることになる。

これらのテストで「どうすればよいスコアがとれるか」に関しては、さまざまな参考書が出ているので、そちらを参照されたい。そもそも、私がこれらを受験したのは二〇年以上も前なので、形式からしてかなり変わってしまった。時代遅れの助言をしても仕方がないし、テスト攻略の専門家が書いた最新の参考書をしっかり勉強するほうが、よっぽどためになる。

一つだけアドバイスすると、参考書はなるべく洋書を選ぼう。というのは、べつに日本の出版社が出しているものがよくないからではなく、留学しようと思っている人は「英語に触れる機会」をできるだけ増やすべきだからである。今後読む本は全部英語で書かれたものにする、くらいの気持ちでないといけない。英語の参考書を使った試験勉強にビビってしまう人は、仮に留学できたとしても苦労するのではないだろうか。なにしろ、アメリカに行ったらあらゆる場面で英語を使わなければならないのだから。

GRE Subject Test

ここでは、「審査側はどのテストのスコアをいちばん気にするか」という観点から、試験勉強における力の入れ加減のようなものについてアドバイスしよう。

まず、ＧＲＥのGeneralとSubjectのどちらが大切なのかという点からはじめよう。もちろん、Subject Test のスコアを要求しない学科を志望する場合は、Subject Test はまったく重要ではない。たとえば私が専門とする地球科学という分野では、Subject Test のスコアを要求する大学院はまれである。というのも、地球科学はいろいろな種類の基礎科学にまたがっている学問なので、一つの科目の得点だけでは学生の実力をうまく測れないからである。

しかし、一つの基礎科学の分野にすっぽり収まっている学科だと、Subject Test のスコアが本質的に大切になってくる（たとえば物理学科であれば Physics のスコアが重視される）。私が勤めているイェール大学の物理学科の教授に聞いたところでは、全米トップ二〇に入るような大学の物理学科は Subject Test のスコアが九〇パーセント以上でないと、自動的に足切りをおこなうのがふつう、とのこと。しかし、九〇パーセントに達していなかった場合でも、大学側が知っている有名な人物からの強い推薦状があると、若干の融通が利くらしい。また、Subject Test のスコアがよければ、General のスコアが多少悪くても大目に見てくれるらしい。

このように、Subject Test の重要性は学科によってまったく事情が異なるので、自分の専門分野ではどうなのか、よく調べることが大切だ。こういうことは、教授にコンタクトをとったときに質問すべき事項の一つである。

GRE GeneralとTOEFL

さて、応募する学科によらず必須のGRE Generalだが、これはVerbal（国語）、Quantitative（算数）、そしてAnalytical Writing（作文）の三つのセクションで構成されている。

Quantitativeを「算数」と書いたが、そう訳したくなるくらいのレベルのテストである。ただし、簡単だが問題数が多いので、スピードが求められ、うっかりミスをしないことが要求される。甘く見ずに、ちゃんと試験勉強することが大切だ。理系の場合は、Quantitativeで満点に近いスコアをとるのが当たり前である。少なくとも「アメリカ人以外」の学生はふつうそういうスコアをとってくる（一方、アメリカでは数学教育のレベルが大学によってかなりちがう感があり、学生の出来・不出来の差がわりと大きい）。基本の数学用語を押さえて、練習問題の数をこなしておけば、確実に点がとれるセクションである。

一方、VerbalとAnalytical Writingは、英語を母国語としていない人にとっては厳しいセクションだ。なので、大学院側も外国人学生のスコアは甘めに評価するのがふつうである。というのも、Verbalで満点をとっていても、べつにそれはサイエンスの才能とはほとんど関係ないからである。もちろん、高得点のほうが印象はいいに決まっている。実際、アメリカ人のまじめな「優等生」タイプはすべてのセクションで満点近くとってくる。しかし、外国人の場合、「Verbalで高得点をとる」ことと「英語ができる」ことは、まったくべつの能力とみなされる。というの

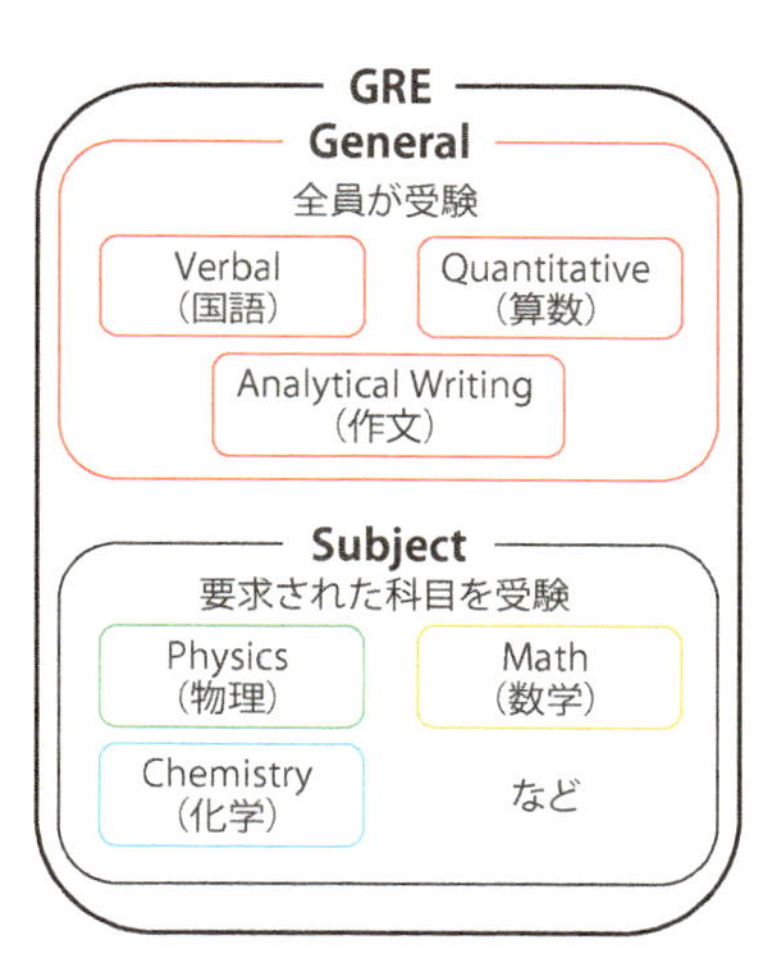

TOEFL

英語を母国語としない人が受験。
ただし、
英語圏の大学を卒業した人は免除。

図2-3　GREとTOEFL

も、Verbalで高得点をとるための語彙というのは、あまりサイエンスの世界とは関係のないものなので、そんなにスコアが高くなくても研究者として十分にやっていけるからである。「この学生はやる気があって、研究者としての素質もある」と選考委員が思えば、Verbalのスコアにこだわって逸材をみすみす逃すことはしないものだ。

そのかわり、外国人に対しては、ＴＯＥＦＬのスコアをかなり重視する。ＴＯＥＦＬは授業の英語を理解できるか、教科書をちゃんと読めるかなど、とても基本的な英語能力を調べるテストなので、このスコアが低いと、かなり印象が悪くなる。

「ＧＲＥやＴＯＥＦＬで何点以上とっていれば許容範囲なのか？」については、志望校の教授に直接聞いてみるのがいちばん確実である。ふつうは教えてくれる。

念のために書いておくが、GREのVerbalやAnalytical Writingは手を抜いてもよい、と言っているわけではないので、誤解しないように。GREやTOEFLのスコアが高ければ高いほど、もちろん合格する可能性も高くなる。スコアが低い学生と高い学生の二人がいて、テスト以外の面では甲乙つけがたいとしよう。教授が一人しか採用するつもりがなければ、わざわざスコアが低いほうの学生をとることはしないだろう。

それに、「合否は教授の意思次第」ではない。学科長や大学院の事務方の承認も必要になる。標準テストのスコアがあまりにも低い学生の場合、教授が「この学生をぜひとりたい」と主張しても、彼らを納得させるのはむずかしい。大学ごとに事情が異なるが、事務方はたいてい明確な「合格水準ライン」を設定している。もしそれに達していない学生をとりたいときは、教授が「この学生はテストのスコアでは合格水準には達していないけれども、それ以外の面でとても有望なので、ぜひとりたい」と交渉しないといけない。合格水準からかけ離れたスコアだと、そういう交渉がとてもやりにくくなるのだ。

アメリカにはトップクラスの大学がたくさんあっていろいろな選択肢があるといっても、「自分はここに入りたいんだ」と固く心に決めている人もたくさんいるだろう。私自身もそうだった。でも「こうやれば絶対に合格する」という必勝法が存在しないので、学生は「打てる手はすべて打っておく」心構えで挑まないといけない。「人事を尽くして天命を待つ」という言葉があ

るが、まさにそれである。

効率のいい試験勉強

しかし、試験勉強にどのくらい時間を割けるだろうか？　大学受験のときは、高校での勉強と大学受験のための勉強は内容がほとんど同じだから、二つのことを並行して勉強する、という感覚はなかったと思う。ところが、アメリカ大学院留学に必要なＴＯＥＦＬやＧＲＥのための勉強は、卒論や修論とはまったく関係がない。卒論または修論研究だけでかなりの時間をとられるものである。立派な卒論や修論を書き上げることも「留学準備」の大切な一部であり、この部分で相当の努力をしないと、強いエッセイを書けないだろうし、よい推薦状も期待できないだろう。留学を目指す人は、そういったふだんの学業もきちんとこなしながら、同時にテストも受けていくことになる。どちらもよい成果をあげるには、「効率のいい勉強法」を確立する必要がある。

参考書を買って、こつこつ練習問題を解くのは大切だ。GRE General の Quantitative や Subject Test そしてＴＯＥＦＬは、そういう勉強法できちんとスコアがとれるタイプのテストである。

しかし、GRE General の Verbal はそうはいかない。もしかすると、あまりにもできなさすぎて途方に暮れてしまう人も多いのではないだろうか。そういう人のために、一つだけ提案したい勉強法がある。「練習問題を解く」というのは実践的で即効性のある勉強法だが、それだけだとスコアの伸びに限界があるかもしれない。すぐには効果は表れないが、じわじわと英語の底力がついてくる、しかも自分の研究のためにもなる勉強法があるのだ。

やることはただ一つ。自分の専門分野の英語の論文を一日一本読むこと。長い論文なら二日や三日に分けて読んでもかまわない。卒論や修論研究に関連する論文や、アメリカの研究室を調べているときにダウンロードした論文など、読まないといけない論文は山のようにあるはず。それらを片っ端から読んでいくのだ。どうしようもなく疲れている日は休んだとしても、このペースを守れば一年で三〇〇本くらいの論文を読むことになる。

また、少なくとも最初の一ページは音読するようにしよう。すべてを音読するのは疲れるだろうから、ウォーミングアップのつもりで初めの部分だけでも声に出して読むとよい。知らない単語が出てきたら、ちゃんと調べよう。

この方法には以下のような利点がある。

Verbal試験対策として論文を読むことの利点：

①読むべき論文を読んでいるだけなので、試験勉強のために貴重な研究の時間（もしくは将来の研究計画を立てるための時間）を削ることにはならない。

②専門分野の論文なので、これを一ヵ月も続けていると、「知らない単語」が出てくる頻度が

ぐっと減るはずだ。単語の意味を調べながら読むのは時間がかかるものだが、「知らない単語がほとんど出てこない」論文を読むというのは、「ある程度の量の英語をまとめて読んで素早く内容を理解する」というトレーニングに最適である。また、知らない単語が少ししか出てこないようになれば、調べるのも億劫（おっくう）には感じなくなるだろう。よって、語彙を無理なく増やしていくことができる。

③音読しながら強引に読み進めていく練習を繰り返すと、あと戻りせずに英文を理解できるようになる。これはリスニングに応用できる。

④音読すると口の体操にもなり、スピーキングの大切な基礎訓練になる。英語を話すということは、母国語を話すのとちがってかなりフィジカルなものなので、日ごろから鍛えておくことは大切だ。たまに音読する声を録音して聞いてみると、さらに効果がある。

⑤音読して「英語の文章の型やリズム」を体で覚えておくと、ライティングにも役に立つ。

⑥ありとあらゆる論文を読み込んでいくことによって、自分の将来の研究計画がより明確になり、力強いエッセイを書くことができるようになる。

⑦専門分野の研究の動向を英語で仕入れておくと、志望校の教授と話をするときに役に立つ。

⑧アメリカの大学院に入ったら、このくらいのペースで論文を読めないとやっていけない。日本にいるときから論文をコンスタントに読む習慣を身につけておくと、留学してから余裕をもって勉学にいそしむことができる。

日本の英語教育は読み書きする量があまりにも少ない。英語は道具なので、たくさん使って慣れるというのが最も本質的な上達法である。もちろん、自分の分野の論文だけ読んでいては語彙に偏りが出てくるが、それは留学の準備においては仕方がない。時間があれば、ほかの分野の論文や論文以外の読み物を読んで語彙を増やすようにすればよい。

ＧＲＥやＴＯＥＦＬは、「アメリカの大学院でやっていけるか」を調べるためにある。試験勉強に力を入れるあまり、英語環境で「研究するための準備」がおろそかになってしまっては、本末転倒だ。小手先の試験テクニックだけでなく、真の基礎体力が身につくようにバランスを考えて準備するようにしよう。

GREの今後

「ＧＲＥは本当に意味のある試験なのか？」という議論は以前から細々とおこなわれていたが、二〇一八年あたりから「意味がまったくないからやめてしまおう」という動きが、分野によってはかなり強まってきた（とくに生物系）。外国人しか受けないＴＯＥＦＬとちがって、ＧＲＥは唯一すべての志願者が受けるテストなので、大学院側としては非常に便利な物差しである。しかし、ＧＲＥで高得点をとったからといって、研究者として見込みがあるとはかぎらないというのも事実である。

私自身は非英語圏からの志願者のよし悪しを判断する際には、ＧＲＥのスコアは非常に有用な情報だと考えている。なぜなら、それなりに時間管理ができる人間でないと、卒論や修論を仕上げながら、試験勉強に時間を割けないからだ。つまり、ＧＲE程度の「負荷」が苦にならないようなレベルでないと、研究者としてやっていくのはむずかしいのではないかと思っている。ただ、ＧＲＥの存在意義自体を真っ向から否定する人も多い。

私が所属している学科でも、この件については教授会で何回も議論を重ねてきたが、今のところは現状維持の姿勢である。しかし私の大学でもほかの学科では、二〇一九年からＧＲＥのスコアを要求しないところも出てきた。こういうことは競合校の動きに合わせて変化するのがふつうなので、ＧＲＥを課さないところが複数出てくると、ほかの大学にまで波及する可能性が高い。

というわけで、ＧＲＥの要・不要はかなり流動性が高くなっているから、自分の専門分野のトップクラスの大学院がＧＲＥのスコアを要求しているかどうかをしっかり調べるようにしよう。しかし、仮にＧＲＥを受験する必要がない場合でも、前項で紹介した、論文を毎日読み続けるという「Verbal 試験対策」は、大学院生活のための基礎体力をつけるものなので、ぜひ実行してほしい。

GPA

アプリケーションの最後の要素は、「大学一年からこれまでの成績表」だ。各科目の成績をA＝4・0、B＝3・0、C＝2・0のようにスコアに変換して、平均をとった数値をGPA（Grade Point Average）と呼ぶが、審査側はあまりこのGPAを気にしない。というのも、たいていはGPAとほかのテストのスコア（たとえばGRE）が相関しているので、参考程度にしか見ないのだ。それに、大学によって授業のレベルはちがうだろうし、同じ大学の中でも科目によって難易度がちがうだろう。大学の成績はGREやTOEFLのように標準化されていないものなので、GPAはかなり粗い物差しにしかなりえないのである。

もちろん、GPAだって高いことに越したことはない。4・0だと「お、この学生はすべてのことに手を抜かないまじめなタイプだな」と思われるだろう。どこの大学だって優等生は歓迎されるものだ。

しかし、選考委員は成績表をもっと細かく見る。どういう授業をとって、各科目でどんな成績をとったのか、というところまでチェックする。たとえば私の場合、地球物理学という物理系の学問をやっているので、やはり物理、数学に強い学生に来てほしい。なので、数物系の科目をどのくらいとっているかに注目する。積極的に数物系の科目をとっていると印象がいい。また、「細胞生物学」や「ドイツ語」や「社会心理学」でCをもらっていて、そのためにGPAが低く

なっていても、まったく気にしない。しかし、数学や物理の成績が悪いと……要注意信号が点滅しはじめる。べつに成績のよくない科目が一つ二つあってもいいのだが、たとえば数学の科目が全部で五つあって、それらの成績がＢＢＣＣだと、かなり印象が悪い。ＡＡＢＢＣなら許容範囲である。

審査する側は成績の時間変化もきちんと考慮する。学部時代の成績がいまいちでも、修士課程での成績がよかったら、「この学生は修士課程に進んでからまじめに勉強するようになったんだな」と判断する。

「これまでの成績表」には日々の努力が自然と反映されるものである。留学を思い立ったときには時すでに遅し、とあきらめる人もいるかもしれない。でも、「ちゃんと勉強しよう」と思ったその時点からまじめに勉強すればいいのだ。

それに、「試験でいい点をとれる」ことと「研究者としての素質がある」ことはちがうのである。研究者としての素質の有無は試験や成績では本当にわからない。試験でいい点をとっていても、研究者に向いていない人もたまにいる。与えられた課題をきちんとこなす能力があっても、自分で解くべき問題を見つけ出すことができなかったりするのだ。これは、大学院でのトレーニングでなんとかカバーできる場合もあるが、それ以前に個人の性格といったものが大きく関係しているかもしれない。

科学というのは、「今まで誰もやったことのない研究」をやらないと前に進んでいかないし、

当然個人としても業績にならない。すでに先人がおこなった研究を繰り返しても、もちろん結論がわかっているので、それでは意味がないのだ。自分で「何を解けばいいのか」という問題設定ができないと、研究者としては致命的である。そしてこの能力の有無は、成績表を見ただけでは絶対にわからないのだ。

というわけで、成績表は、エッセイと推薦状と合わせて総合的に評価される。これら三つの要素がすべてよければ問題はないが、たとえば成績がものすごく悪くて、でもエッセイの出来がよく、そして力強い推薦状が大学院側も知っている有名な研究者から届いていたとしよう。推薦状に「この学生のポテンシャルはものすごいものがある」と書かれ、さらに「彼は試験というものが苦手なようでいい点数をとったためしがないが、卒論研究で見せた彼のひらめきは一流のものだ」と続いていると、成績が悪いからといって落とすようなことはしない。

「いちばん大切なのは最終学歴」は何を意味するか

推薦状について説明した際に、どうしてもよい推薦状が集まらないときは、志望校（研究室）を訪問して自らを売り込むことでなんとかなる場合がある、と書いた。ほかにもいろいろな解決策が考えられる。もし自分が現在在籍している大学に頼れる教授がいないとしても、ほかの大学の研究室に顔を出すとか、留学に挑戦する前に日本のべつの大学院の修士課程に進学すると、よ

い推薦者との出会いがあるはずだ。

しかし、「近くにマシな大学がない」とか「日本で修士課程に進学する経済的余裕がない」という人もいるかもしれない。日本では、高校時代に受験勉強をどのくらい頑張ったか、あるいはどの大学に入ったかによって、その後の進路がおおむね決まってしまう感がある。しかし、高校時代は勉強がおもしろくなくて偏差値は高くなかったが、大学に入ってからサイエンスのおもしろさに気づいて、それからいろいろと勉強しだす人も中にはいるのではないだろうか？

サイエンスの世界では「どこの大学院でＰｈＤをとったか」が最も大切な学歴である。もちろん「どんな研究でＰｈＤをとったのか」のほうがより本質的だが、トップクラスの大学院でＰｈＤをとっていると、それだけで周囲がそれなりの対応をしてくれる。

アメリカで研究していると、学部のときにどの大学だったか、を気にすることはまれである。なぜなら、第1章「立志編」の「アメリカにはいい大学がたくさんある」の項でも書いたように、トップレベルとみなされる大学の数が半端ではないからだ。これまで、大学院をもつわりと規模の大きい大学にしか触れてこなかったが、このほかにも、アメリカにはリベラル・アーツ・カレッジ（liberal arts college）と呼ばれる学部専門の名門校が数多く存在する。たとえば、「少年よ、大志を抱け」の名言で有名なクラーク博士の出身校である、マサチューセッツ州西部にあるアマースト大学（Amherst College）は、毎年必ず全米トップ一〇に入るリベラル・アーツの名門である。アメリカの「よい大学」を数え上げたら、軽く五〇から一〇〇はあるのだ。だか

ら、いちいち出身大学を気にしていたらキリがないという事情もある。

また、「よい大学」には入らなかったとしても、そのあとで頑張って才能を発揮する人もいる。「実力第一主義」のアメリカでは、そういう人をきちんと発掘しようとする努力をつねに惜しまない。

アメリカの大学教授は日本の大学を知らない

これは、日本にいる学生に声を大にして伝えたいことなのだが、アメリカの大学教授は日本の大学のことを本当に知らない。もちろん、中には日本通の人もいる。でもたいていの場合は、日本はアメリカから見るとやはり遠い国なのだ。アメリカ国内だけでも動向を気にしないといけない大学が腐るほどあるので、よその国の大学事情なんかに通じている暇がない。

たとえば、これを読んでいるあなたは、インドの名門大学を知っているだろうか？　トップ三の名前を即座に挙げられるだろうか？　「できる」という人はほとんどいないだろう。アメリカ人にとっての日本の大学も似たようなものである。

私の学科の教授会でロン・スミスという気象学の教授の隣に座ったとき、彼に日本についてどのくらい知っているのか聞いてみたことがある。そのときの会話は次のようなものだった。

私「日本の大学のこと、どのくらい知ってる？」
スミス「うーん、あまり知らないねぇ」
私「……たとえばどの大学なら知ってる？」
スミス「うーんと、僕の分野でよく論文を見るのは、ツクバだね」
私「ほう、筑波ですか、なるほど。で、ほかには？」
スミス「ほかは……知らないねぇ」
私「で、でも、トーキョーとかキョートとかは聞いたことない？」
スミス「あー、名前は知ってるよ。でも訪問したことないからなあ……」

このときは「行ったことなかったら知らんのかい！」と思ったが、よく考えたら、彼の感覚も理解できる。第１章「立志編」の「看板セミナーの魅力」の項でも触れたが、アメリカではセミナーに招待したりされたりという、大学間の交流がとても盛んである。私も、ほとんどのトップクラスの大学でセミナーをしたことがある。アメリカの大学教授にとっては、「行ったことがない」＝「訪問するほどその大学（の研究者）のことを知ってはいない」ということになるのだ。

この状況を日本の学生はうまく利用すべきかもしれない。「実力」さえ証明すれば、日本のどの大学出身であろうと、アメリカではほとんど問題にはならないからだ。分野にもよると思うが、出身大学の偏差値を気にするほど日本のことを知っている人は少数派だ。もちろん一流校の

ほうが、よい指導教官にめぐりあえる確率が高いので、強力な推薦状をもらううえではとても有利である。しかし、日本国内の名門校の学生でなくても、「自分の力」だけでなんとかすることもできるのだ。かなりのハンデがあるので、相当の努力を要するが、不可能ではない。

アプリケーションの印象をよくする必殺技

では、アメリカ人相手に「自分はできる学生だ」ということを証明するにはどうしたらよいのだろうか？　いちばん効果的なのは、レベルの高い論文を書いて送りつけることなのだが、まあそれが初めからできるのであれば造作ないわけで、ほかの方法を考えてみよう。

アメリカ人はやはりアメリカ水準の物差しをいちばん大切にする。ＴＯＥＦＬは英語能力を測るものなので、ここでは置いておこう。学力を測る物差しとしては、やはりＧＲＥがいちばん頼りになる。たとえば、GRE General の Quantitative は恐ろしく簡単で、アメリカの教授もそのことは百も承知である。それでも、これらの標準テストが設けられているのは、アメリカの平均的な学部卒の人にとってはむずかしいからだ。だから Quantitative で満点をとっていると、印象がよくなる。

アメリカのトップ校出身の学生はすべてのセクションで満点に近いスコアをとる。だから、「ＧＲＥ満点」＝「秀才」というような図式がなんとなくできあがっているのだ。

しかし、GREの内容は非常にお粗末なものである。Verbal にしても Analytical Writing にしても、満点をとったからといって、その学生のサイエンスの才能なんてこれっぽっちもわからない。でも、アメリカ人にとっては、「GRE満点」＝「秀才」なのである。だから、すべてのセクションで高得点をはじき出すことができれば、「こいつは優秀かもしれない」という印象を植えつけることができる。少なくとも、「この学生を軽くあしらってはいけない」と思ってもらえるはずだ。

もちろん、Verbal や Analytical Writing でそういう得点をとること自体、日本人にとってはむずかしいことである。でも、一生懸命試験勉強すれば不可能ではない。GREはいろいろな人が勉強法を公開しているから、調べてみれば自分に合ったものが見つかるかもしれない。とにかく、ありとあらゆる種類の英語の本を読みまくり、大学で英語のライティングの授業があればそれを積極的に利用して、自分の書いたものを添削してもらうことが大切である。

GREとTOEFLが高得点だと、それだけで、選考委員からの扱いがちがってくる。「この学生はもう少し調べてみよう」という気にさせることができる。本来自分が大学院でやりたい研究とはまったく関係のないことにかなりの時間を費やさないと、そのレベルの得点はとれないかもしれない。それでも、自分の夢を最終的にかなえるための大切なステップなのだ、と割り切って頑張ろう。

日本人がちょっと有利な理由

もちろんこの作戦は、中国やインドなどほかのアジア諸国からの留学生がすでに実践していることでもある。でも、日本の学生がやるとちょっとちがう効果があるのだ。なぜだろうか?

まず第一に、日本が先進国だからである。先進国の中でも、日本は経済大国かつ技術大国として世界的に知られている。いろいろな面で発展途上の国からの留学生ではないのだ。

第二に、ほかのアジアの国々と比べると、日本からPhDコースを目指す留学生が非常に少ないからである。もちろん、日本人の留学生はたくさんいる。でも、アメリカの大学院に留学している日本人の大半は企業か政府から派遣されていて、基本的に修士号どまりである(二年で帰国してしまう)。日本人のPhD留学生はいまだに珍しい存在なのだ。だから、GREで高得点をとる日本人学生は目立つのである。

そして、日本の学生だったら、志望校を訪問して自分を売り込みにいくだけの費用を自分で捻出することは、そんなにむずかしいことではないはずだ。

まとめると、

①GREで高得点(Subject Testが大切な分野の場合、それでも高得点をとる)。

②TOEFLで高得点。

③訪問して自分のやる気をアピールする。
④力強いエッセイを書く。

の四つをうまく組み合わせれば、たとえ推薦状やＧＰＡが弱くても、トップ校に入ることは十分可能である。

2-2 アプリケーション以外のアピール方法

訪問しよう！

さて、アプリケーションについて一通り説明が終わったので、次に「コンタクトをとり、さらに訪問して自分を売り込む」ことについて書いてみよう。

アメリカの大学院では、合格者を決定する前に最終候補に残った学生を呼び寄せてインタビューするところもあれば、合格者を呼び寄せて勧誘するところもある。優秀な学生には複数の大学からオファーが届くのが当たり前なので、「ぜひうちに来てね！」と熱心に勧誘するのだ。合格前のインタビューにしろ、合格後の勧誘にしろ、旅費はすべて大学院側が負担する。このため、呼び寄せるのはアメリカ国内や、せいぜい近隣諸国にいる学生にかぎられてしまう。州立大などでは、国内の旅費しか出してはいけないという決まりがあるところもあるくらいだ。

なので、日本からの学生は自費で渡米して訪問しないと、自分の目で志望校を見る機会がない。ＰｈＤをとるには五年はかかるから、どういうところなのかを自分で確認しておくのはやはり大切である。

渡米してあちこち移動するのはお金と時間の両方がかかるから、訪問は本当に自分が行きたいと思っている二、三校を回るので精一杯だろう。私の場合も、アメリカで開かれた学会のための渡米と組み合わせて、二校訪問しただけである。

訪問の目的

訪問にはいろいろな意味がある。ここでは、「合格する前の訪問」について述べる。この訪問には、学生側にとっては

訪問の目的（学生側）：

①自分を売り込む。

②教授、研究室の質を調べる。

の二つの目的があり、訪問される教授側にとっても

訪問の目的（教授側）：

①自分の研究室の宣伝をする（いい学生なら早めに勧誘しておこう、ということ）。
②学生の質を調べる。

という二つの意味がある。お互いがお互いを調べ合うということである。

これまでの業績は立派でも、下り坂になっている研究室だってある。そういうところはやはり覇気がないものだが、そのような最新情報は訪問して体感してみないとなかなかわからない。教授と実際に話してみると、「うーん、この人本当に頭いいのかな？　論文の数は多いけど……」と感じることもある。やはり自分が尊敬できる人のもとでＰｈＤをとるのがベストだから、「自分の中で勝手につくり上げたイメージ」を確認するためにも、訪問する価値は十分にある。

しかし、「教授と直接会って話をする」のは諸刃の剣でもある。もちろん、「一度会って話をすると情が湧く」効果によって、アプリケーションの評価が二割増しになることもある。一方で、「こんなダメ学生はいらん」と思われ、いくらアプリケーションがよくてもまったく評価されなくなってしまう可能性もある。実際、私はそういう理由で学生を落としたことが何回かある。

しかし、そんなにビビることもない。ポイントを押さえて準備して訪問すれば、確実に好印象

を与えることができる。なぜかというと、アメリカ人かどうかや、英語のネイティブ・スピーカーかどうかにかかわらず、ほとんどの学生は「教授と話をする」ことに慣れていないからである。きちんと話ができるだけで、何をどう話せばよいかわかっていない学生たちの中でキラリと光って見えるのだ。

訪問時のチェックポイント①——英語力

では、どういうふうに話をすれば教授に評価されるのだろうか。入学を希望している外国人学生が訪問してくる際、教授は以下の二点をつねにチェックしている。

訪問時にチェックされるポイント：
①英語でのコミュニケーションがどのくらいできるか？
②大学院でやりたいことをどのくらい絞り込んでいるか？

まずチェックポイント①についてだが、べつにペラペラである必要はない。ただ、英語のネイティブ・スピーカーと話した経験が一度もないとなると大変かもしれない。相手の言うことがしっかり聞き取れて、自分が言いたいことは、構文としては稚拙であってもきちんと意図を伝えら

れるくらいにはなっている必要がある。

アジアからの留学生の訪問を受けた際、教授がまず気にするのは、英語がどのくらいできるかである。中学生とか高校生の年代で留学するのとちがって、大学院から留学しても「英語がペラペラ」にはまずならない。英語が下手だと、留学しても「授業についていけない」「指導教官とのコミュニケーションがうまくとれない」「適性試験でうまく話せない」などの理由により、落ちこぼれてしまう可能性がかなり高くなる。

英語で大学教授と話すとなると緊張するかもしれないが、落ち着いてとにかく「ゆっくり」話すように心がけよう。英語を母国語としない人が早口で話すと、発音が不正確になって、聞き取りにくくなってしまう傾向が強い。また、自分のほうから話すかもしれない話題については、前もって練習しておくと楽になる。たとえば「卒論でやったという、この研究についてもう少しくわしく教えてくれないかね？」と聞かれたら、二分くらいの長さでしっかり語れるようにしておくとよい。

訪問時のチェックポイント②——興味の強さ

次にチェックポイント②についてだ。「自分が何をやりたいのか」をしっかりと伝えられる学生は、好印象を与えることができる。訪問してくる学生との時間のほとんどは、教授が「自分の研究室ではどういうことをやっているのか」を説明するのに使われるだろう。はるばる日本からやってきた学生を前にして、「君はいったい何を研究したいのかね?」といきなり尋問するような教授はまずいない。「いやーよく来たね、飛行機はどうだった? トラブルはなかったかい? なかった? あっそう、それはよかった。えっと……君はコレコレに興味があるってメールに書いていたよね。それに関して、うちの研究室では最近こんなことをやっていてね……」みたいなノリで、和やかに会話がはじまるはずである。

自分がどういうことに興味があるかはメールですでに伝えているわけだから、この訪問では「どのくらい興味があるか」をアピールすることになる。「推薦状の書き方②」の項でも書いたが、ここでも「具体性」が大切である。「あなたの研究にものすごく興味があるのです」と一〇回繰り返しても、相手にはまったく伝わらない。興味があるのなら、その「証拠」を見せないといけないのだ。

本当に興味がある研究室を訪問するのであれば、

訪問の準備:

①研究室のウェブサイトを隅から隅まで読む。
②研究室から出ている論文を少なくとも二、三本は読む(できれば一〇本くらい読んでおく)。
③論文で議論されていることに関するほかのグループの論文も押さえておく。

くらいはしておいてもおかしくないだろう。このような準備をしているうちに、「この教授に会ったら直接質問してみたいこと」なんて自然と山のように出てくるはずだ。そういう質問リストを自分の心の中で用意していれば、教授の研究の説明を聞きながら、適宜ポイントを押さえて質問することができるだろう。記憶力に自信がなければ、あらかじめ質問リストを書き出しておいて、それを見ながら質問すればよい。

ここいちばんでのパフォーマンスを成功させたければ、何事も「下準備」が肝要だ。準備していなくても即興でなんとかしてしまえる人もいるかもしれないが、そうでない人がほとんどだろう。きちんと準備をしておくと、緊張をいいほうにコントロールできるようにもなる。

高いお金を払って航空券を買い、忙しい日程をやりくりしてまで訪問しているわけだから、単なる「訪問」ととらえるのではなく、「個人授業」を受けに行くと考えたほうがよい。論文でしか名前を知らない教授と一対一でじっくり話ができる機会なんてめったにない。もちろん、合格して指導教官になってもらえたら、嫌でも頻繁に話をしないといけなくなるが、そういう先のことはとりあえず考えずに、「このチャンスを最大限に活かそう」という心構えで「会ったら質問や議論してみたいこと」のリストをつくっておこう。積極的に臨めば、結果は自然とついてくる。

そして「もし自分が合格したらどういうプロジェクトにかかわれるか」ということも、ちゃんと確認しておこう。そのプロジェクトのもつ意味とか、どういうふうに進めるのかなどについて教授と議論するには、それなりの準備が必要だ。逆にそういう準備ができていることを示せば、それなりの実力を持ち合わせていることを実証できる。

一回の訪問で複数の教授と会う

また訪問するときは、できれば複数の教授と会うようにしよう。前節の「エッセイの勘どころ」の項でも書いたが、自分が興味のあるテーマに関連する研究をしている教授は、同じ学科に二人か三人はいるはずである。そういう教授とも会っておくのだ。

実際にコンタクトをとるのは一人の教授で十分だが、その人に「この教授にも会って話をした

い」と希望を伝えれば、そのようにスケジュールを組んでもらえるはずである。これも、「訪問」という機会を最大限に利用する方法の一つだ。

もちろん、会う人数が増えるぶん下準備も増えて大変になるが、好印象を与えられるのであれば、複数の教授に与えたほうが選考会で有利になる可能性が高い。ある教授一人が「彼はなかなか見込みがある学生だ」と言っても、それはその教授個人の一意見に過ぎないが、二人の教授がそろってポジティブなコメントをすると、客観性のある評価とみなされるからである。

教授だけでなく、研究室の学生やポスドクと会うようにセットアップしてくれるところもあるだろう。そういう場合も、先に書いたことがそのまま当てはまる。彼らが実際どういう研究をしているのか質問すれば、喜んで説明してくれるはずだ。まだ論文になっていない研究も多いだろうから、「今この研究室ではどういう研究がおこなわれているのか」を知る大切な機会になる。また日々の研究生活では、教授ではなく先輩たちから教わることも多いので、彼らがいったいどのくらい優秀な学生なのかも確かめておくといい。

訪問相手に「掘り出し物」と思わせるコツ

訪問して自分を売り込むときの注意点はすでに説明済みだが、単に相手の言うことをフォローするだけでなく、独自の意見も交えて議論できるようになっていることが望ましい。もちろん、

そういう議論ができるようになるためには、相手の研究内容をしっかりと把握していないといけない。

たとえば、地球物理のあるテーマについて私と三〇分議論ができるような留学希望者がいたら、出身校がどこであろうとも、推薦状の内容が貧弱でも、私は迷わずオファーを出す。そういう学生は、教授の視点から見ると「掘り出し物」だ。「この学生はできる」と自分で確信できれば、そっちのほうが推薦状より大切なのである。

もちろん、「そんなことができるんだったら、最初から苦労しませんよ」と言われるかもしれない。自分をこのレベルまで引き上げるためには、相当勉強しないといけない。しかし、「人脈がまったくない」場合は、ここまでやらないとトップクラスの大学院からは相手にしてもらえない。使えるか使えないかわからない学生を採用するほど、人材には困っていないのだ。

でも、このようにセールスポイントを具体的に知ることによって、「なんだ、そういうところを重点的に鍛えればいいのか」と目の前が明るくなった人がいるかもしれない。そうとらえられる人はきっと留学できるだろうし、アメリカに行くことによって伸びるタイプである。

訪問の際の服装

「訪問の際にはどんな服を着ていくべきでしょうか？　スーツとかでしょうか？」と聞かれるこ

とがあるが、基本的にどんな格好でもかまわない。たとえば夏なら、ジーンズにTシャツでも大丈夫である。それはさすがに……と尻込みしてしまう人は、チノパンにポロシャツとかで十分だ。もちろんスーツでびしっと決めて行っても大丈夫である。「おー、この学生気合い入ってるなあ」と思われるだけだ。服装などの表面的なことを気にする教授はほとんどいないだろう。

ただ、訪問先の気候、最近の天気については、ちゃんと調べてから行くようにしよう。暑かったら着る服を減らせばよいだけだが、寒い場合は着るものがないと大変だ。薄着で広いキャンパスを歩き回るはめになって風邪を引いてしまうと、せっかくの訪問も楽しめない。ネットなどで現地の週間天気予報を調べて参考にするといいだろう。日本の気候はたいていのところで温和だが、アメリカは大陸的というか、地域差がかなり大きく、また、日中の気温の変化が激しいところも珍しくない。備えあれば憂いなし。フリースを一枚持ち歩くだけでかなり安心できる。

私が土地勘のある都市の気候について、ざっくりと紹介しておこう。

ハワイが一年を通して暖かいというのは、わざわざ書くまでもないかもしれない。大陸内にも、年中暖かい地域はある。たとえば南カリフォルニア（ロサンゼルスとかサンディエゴ）だ。一方、同じカリフォルニアでも北部のほう（バークレーとかサンフランシスコ）は年中「涼しい」というか「ちょっと肌寒い」くらいで、かつ少し移動するだけで天気がころころ変わる。バークレーは、午前中はたいてい霧が出ていて曇りがちで、午後になると晴れてくる。ただし、朝の霧のせいで気温がつねに低い。

ＭＩＴやハーバードなどがある東海岸のボストン（マサチューセッツ州）は、夏は暑くて（日本に比べると湿気が少ないのでまだマシだが）、冬は（日本で東京より北に住んだことのない私にとっては）とても寒い。十二月から一月にかけては、日中最高気温が氷点下というのが当たり前（北海道出身の人だとたぶん平気なのかもしれないが）。また、秋は天気が急に変わることが多く、それでもって春というものが存在しない。

東海岸でもニューヨークあたりまで南下すると、少しマシになる。イエール大学があるニューヘイブンでは、ボストンとちがってちゃんと春があるので、私は気に入っている。

ま、アメリカはなにしろデカい国である。

志望校選び——著者の場合

これまで「志望校選び」についてはとくに説明してこなかったが、それは大学院留学を目指すくらいの人なら、そういうことは自分でできるようになっているはずだからである。

大学院ランキングはいくつかあって、だいたいの目安にはなるかもしれないが、頼るべきほどのものではない。論文を読んだり、指導教官に相談したり、国際学会に参加してみたり、いろいろな方法で「自分が興味のある分野でトップクラスの大学院／研究室はどこか」を調べてみよう。レベルの高いところほど有名なはずだから、トップを探すのはさほどむずかしくはない。

一つの例として、私の経験談をここに書いておこう。私の現在の専門とは少しちがうのだが、修士課程では海洋地球物理学という分野で研究をしていた。この分野で世界のトップ三といえば、ウッズホール海洋研究所（Woods Hole Oceanographic Institution：ＷＨＯＩ）、ラモント＝ドハティ地球観測所（Lamont-Doherty Earth Observatory）、スクリプス海洋研究所（Scripps Institution of Oceanography）で、これらはすべてアメリカにある。ＷＨＯＩは独立した私立の研究所だが、ＭＩＴと提携してMIT-WHOI Joint ProgramというＰｈＤプログラムを運営している。ラモントはコロンビア大学付属の研究所で、スクリプスはＵＣＳＤ付属である。私が応募したのはＭＩＴ、コロンビア大学、ＵＣＳＤとワシントン州立大学の四つ。ワシントン州立大学にも海洋学ではかなり大きな組織があって、海洋地球物理学に関しても、その当時はわりと元気のあるところだった。また、知り合いのアメリカ人から「シアトルはとっても美しいところだよ」と聞かされていたので、シアトルに行くのもいいかもしれん、と思っていたのだ。

もちろん、海洋研究所は大陸の真ん中にはありえないので、自動的に東海岸か西海岸になる。しかもラモントを除くと、みな風光明媚なところにある。ＷＨＯＩは避暑地として有名なCape Cod（ケープコッド）にあり、スクリプスはサーファーなら知らない人はいないLa Jolla（ラホヤと読む）にある。ラモントもマンハッタンのすぐ近くなので、それなりに楽しいところではある。

私はなぜか昔から西海岸にはあまり興味がなく、留学するなら「寒そうな東海岸」でないと雰囲気が出ないと思っていた。なので、実際に訪問したのはＷＨＯＩとラモントの二つだ。この二つのうち、ラモントのほうから出ている論文をよく読んでいたのだが、訪問してみると、ラモントはすでに衰退しはじめていて、ＷＨＯＩはとても活発にいろいろな研究をやっていて、「ここに来られたらどんなにいいだろう」といちばん惹かれた。

どうだろうか？　参考になっただろうか？　あなたの専門が海洋地球物理学でないかぎり、まったく参考にならないだろう。専門がちがうとどのくらい事情が変わってくるのか、を実感してもらうために書いたに過ぎない。

志望校選びに関しては、自分でいろいろ調べることに尽きる。そして、できるだけトップクラスの大学院を目指そう。といっても、ランキング一位の大学と一〇位の大学とではたいした差はないと思ってよい。もっと大ざっぱな意味でのランクが重要だ。トップ二〇（第一グループ）、その次の五〇校（第二グループ）、そのまた次の五〇校（第三グループ）と分けて、できるだけ上を目指すべきだ。

たとえば、第二グループの大学院でＰｈＤをとった人が、トップ二〇の大学に就職できることはまずないと思ってよい。というのも、ランクが下の大学ほど学生の質が低くなり、そのぶんＰｈＤに対する教官の期待も低いので、博士論文の質もおのずと低くなるからだ。これはもちろん、あくまで「平均」の話で、第二グループの中にも質の高い研究をする人がいるかもしれない。とはいえ、やはり研究環境は本質的に大切だ。レベルの高い教授や学生に囲まれているのと

そうでないのとでは、知らないあいだに差がついてくるものである。

奨学金には応募しよう！

　これまで触れてこなかったが、奨学金のことをまったく無視してよい、というわけではない。お金がなくても、奨学金がとれなくても、頑張ればアメリカの理系大学院には留学できますよ、ということがおもなメッセージなので、あえて強調しなかっただけである。もちろん、奨学金がとれればそれに越したことはない。

　というのも、奨学金をとっていると、アプリケーション全体の印象がよくなるからである。日本の学生のアプリケーションはアメリカの学生のアプリケーションと比べると、いろいろな面で確実に見劣りする。エッセイの英語は下手だし、推薦状もぱっとしないし、ＴＯＥＦＬやＧＲＥの点も低いし……。まあ、推薦者がとんでもなく有名な研究者だと話は少し変わってくるが、そういう幸運に恵まれる人はまれだろう。

　しかし、「奨学金をとってくる」というのは、まったく独立したべつの選考過程をくぐり抜けてきたことの証明になる。つまり、自分が日本人学生の中でどのくらいの位置にいるかをわかりやすいかたちで示すことになるのだ。日本は先進国だし、その国の学生の中でトップクラスであるという事実は、やはりいい印象を与えるのである。

授業料＋生活費の全額を出してくれる奨学金はほとんどないと思うが、この場合の目的は「奨学金をとること」にあるわけで、金額の多少はあまり重要ではない。合格すれば、足りないぶんは大学院側が補填してくれるからである。逆に言えば、奨学金をとってもとらなくても、大学院から支給される生活費の額は変わらないわけで、なんで苦労してまで奨学金をとらないといけないのか、と思う人もいるかもしれない。しかし、合格しないと元も子もないので、少しでもプラスに働く要素として、とれるならとったほうがいい。

奨学金への応募はそれなりに手間がかかるので、面倒に思う人も多いだろう。しかし、希望校に行けるチャンスを確実に高めることになる。日米教育委員会のサイトにある奨学金一覧表などを参考にして、自分に応募資格のある奨学金には応募することを勧める。

「理系」の定義

アメリカの大学院に行くのにお金はかからないと書いてきたが、これは「理系」の大学院にかぎった話である（文系でもお金がかからない大学院は相当数あるのだが、選択肢がかぎられてくる）。また、「アメリカにおける理系」と「日本における理系」に若干ちがいがあるので、注意が必要だ。日本では理系扱いでも、アメリカではそうでない分野がある。「自分は理系だから留学にお金はかからない」と早合点しないようにしよう。

　もちろん、物理、化学、生物のような基礎科学は当然理系である。また、たいていの工学系も本書で言うところの「理系」に当てはまるが、「建築」（architecture）はアメリカでは工学系というより芸術系のような扱いを受けることが多い。建築系の大学院でもＴＡなどのサポートを受けられることはあるようだが、そのためにこなさなくてはいけない仕事は文系並みに多く、とても大変だ（文系大学院生は、教授の代わりに毎週二、三コマの講義を担当するのがわりと当たり前）。ほかに思い当たる分野としては「心理学」（psychology）が挙げられる。これもどちらかというと文系扱いになる。しかし、建築でも civil engineering（土木工学）に近い分野ならアメリカでも工学系になるし、心理学でも neuroscience（神経科学）に近い分野ならアメリカでも理系だ。

　このように、アメリカと日本で学問の分類の仕方に微妙なちがいがある。日本での常識がそのまま通用すると思い込まず、広い視野をもち、周辺領域の学科で実際どういう研究がおこなわれているかをネットなどでくわしく調べることが大切である。自分が読んでいる論文の著者がどの学科に所属しているかを見るのは、そういう探索の一つの出発点になるだろう。

実録・私はいかにして留学を決意したか②

涙のアカプルコ

「是永君、イースター島に行く航海があるんですが、参加してみませんか?」

と指導教官の玉木賢策先生からそう尋ねられたのは、修士課程に進学したばかりのころのこと。学部時代からなにかと面倒を見てくれたこの先生は、ノセられやすい私の性格をよく知っていて、このときもツボを突いていた。

「イースター島……素晴らしい。ぜひ行かせてください!」

と、何も考えずに即答した。というのも、私はイースター島には幼いころから畏敬の念を抱いていたからだ。滅亡した古代文明、いまだに解読されていない言語ロンゴロンゴなど、理由はいろいろとある。だがなんといっても、あの謎の石像モアイの独特な造形に、そしてそのモアイが無造作にごろごろ転がっている草原の景色に、とても神秘的なものを感じていた。

しかし、イースター島はとてもへんぴなところにある。南太平洋の真ん中にぽつんと浮かんでいて、ほかの陸地から最も離れたところにある島だと言われている。気軽に観光に行ける場所ではないが、逆にそういう地理的な事情により、南太平洋でおこなわれる研究航海の重要な給油ポイントになっている。

COLUMN

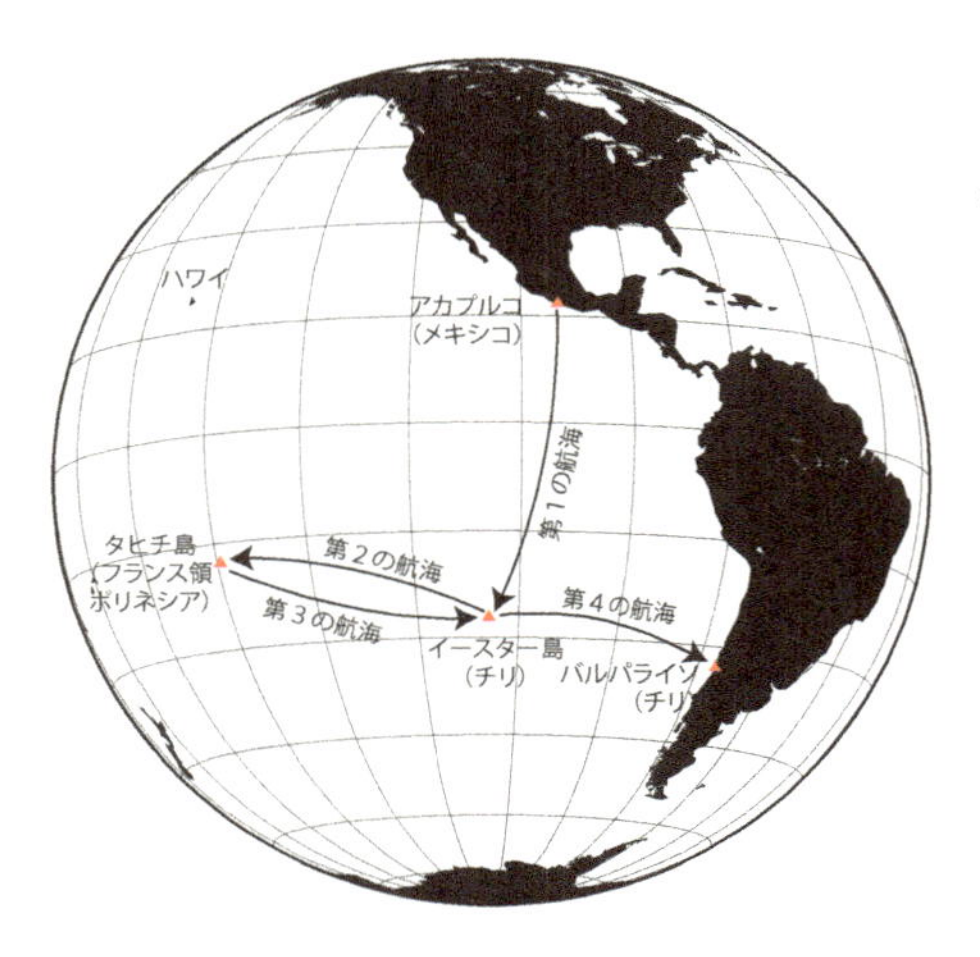

図2-4 研究航海経路

私は修士時代に、計4つのアメリカの研究航海に参加した。このコラムで触れているのは「第1の航海」である。当初は第1と第2の航海にのみ参加する予定だったが、コラムに書いたトラブルでデータがとれなかったため、私の乗船中に、玉木先生が第3と第4の航海にも乗れるように手配してくれた。また、玉木先生が観測機器をイースター島に転送するよう手配してくれて、第3の航海では非常に質の高いデータをとることができた。アカプルコを出発したのが1992年12月で、バルパライソで船を下りたのが、1993年4月であった。

私が参加することになった航海も、メキシコのアカプルコを出発し、南太平洋のある海域を調査してイースター島に寄るというものだった。ちなみにこの航海は、アメリカの研究者が主導するもので、したがって当然アメリカの研究船を使うものだった。玉木先生は、私が留学に興味をもっていることをご存じで、ちょうどいい機会だと考えたらしい。

さて、この航海における私の役目というのは、その当時日本にしかなかった特殊な観測機器を持って行き、データをとってくるというものだった。修士一年の私だけではなく、佐柳敬造さんという博士課程の先輩も一緒に行くので、そんなに不安はなかった。この航海でとれたデータで何かいい修士論文が書けるといいね、と話していたと思う。

しかし、私にとってその特殊な観測機器

COLUMN

は、それまで名前を聞いたこともない代物だった。航海までの数ヵ月間、論文を読んで勉強したり、電子回路を調整したり、いろいろ大変だったが、なんとかすべての準備を終え、観測機器を輸送業者に手渡して、私は佐柳さんと二人でアカプルコに向かった。

アカプルコ。

私と同じくらいの年かそれ以上の人ならご記憶かもしれないが、その昔、アカプルコの絶壁からダイブしても髪の毛は全然平気、みたいなテレビCMが流れていた。私はそのCM以外では、アカプルコについてまったく見聞きしたことがなかったが、当時は有名なメキシコのリゾート地だった。断崖絶壁からのダイブのショーを売りにする有名なレストランもあった。メキシコではかなり英語が通じるので、現地の人とのコミュニケーションには何の問題もなく、着いた初日は南国気分に浸れてとても幸せだった。

次の日、日本から送った観測機器とご対面～、のため港に行ったのだが、なぜかまだ届いていないとのことだった。

「届いてないってあんた、余裕をもたせて二週間以上も前に航空便で送ったんですよ。そんでもって航海は明後日からはじまるんですよ」と船舶事務所の人に詰め寄ると、車で数時間ほどの空港には届いているらしい。どうやら、まだ税関を通過していないということだった。「でもまあ大丈夫でしょう。きっと間に合いますよ。明日には来ます

COLUMN

よ、待ちましょう」と言うのだが、ものすごく不安である。しかし、待つしか選択肢がなさそうだし、落ち着かない気分のまま、その日一日を過ごした。

次の日また港に行くと、案の定まだ届いていない。事務所の人は「もしかしたら今日の夕方には届くかも」などと言うのだが、もうそんな奇跡は起こらないような気がする。佐柳さんと二人であれだけ一生懸命準備した観測機器だったのに……。アメリカ人はまだ知らない機器だから、性能を自慢してやろうと思っていたのに……。私の修士論文はいったいどうなるんだ……。いいデータがとれるかどうか、という次元の問題じゃないし。

人のいい佐柳さんは「まあ沈んでばっかりいるのもアレだし、せっかくアカプルコにいるんだから楽しもうよ」と言って、例の断崖絶壁ダイブショーが見られるレストランに夕飯を食べにいった。ショーは、現地の青年たちが目もくらむような高さの絶壁から海に向かってダイブするというもの。全部で三回のダイブがあり、初めの二回はライトアップのもとでおこなわれるのだが、最後はライトアップなしで、真っ暗な中を燃え盛る松明を手にもってダイブするという、かなり危険なものだった。いやほんと、ショーそのものは本当に素晴らしいのだが、気分が沈みきっていたので、とてつもなく悲しい気持ちでダイブを見ていたことを覚えている。まわりはみんな休暇で浮かれている観光客ばかりなので、余計つらくなった。

翌日はいよいよ出航の日だ。「もしかして、ひょっとすると、届いているかも……」と淡い期待を胸に港へ行ったのだが、やはりそういう奇跡は起こらなかった。

航海の主席研究員（研究チームでいちばん偉い人のこと）に恐る恐る事情を説明すると、「おお、それは大変だったね」と同情してくれて、

“You're STILL welcome.”（**それでも**歓迎するよ）

と言ってくれた。いや、べつに彼は“STILL”を強調したわけではなく、ふつうに言ったと思う。しかし、すっかりいじけてしまった私の頭の中では“STILL”という言葉がずっと反響していた。

そうだよなー、向こうにしてみれば、特別な機器を持って来るから乗せてやったのに、持って来ないんだもんなー、君いったい何しに来たのって感じだよな……。単なる役立たずだよね……。どよーん。

こうして、これ以上沈めないくらいに沈んだ気分の私を乗せて、船は南太平洋に向かってアカプルコを出発したのだ。

（コラム③につづく）

第 3 章

実践編

3-1

アメリカ大学院の傾向と対策

PhDコースのドロップアウトにはパターンがある

「実践編」といっても、合格して大学院に入ってしまえば、日本人だからといって特別なハードルがあるわけではない。アメリカの大学院には日本人は少ないが、アジアやヨーロッパからの留学生は相当数いるのがふつうである。英語を母国語としない国からの留学生という意味では少数派に属することはない。PhDをとるまでの五年間の時間の流れについては1－2節で一通り書いたし、これよりくわしいことになると大学院や分野によるちがいが大きいので、あまり一般的な話ができなくなる。現地で試行錯誤しながら体験していってもらえばよい。

しかし、「これだけは伝えておきたい」ということが一つある。それは、「行き詰まったときにどうするか」である。大学院に入学できても、必ずPhDをとれるとはかぎらない。研究がうまくいかなくてドロップアウトしてしまう人も、たまにいる。そういう人はなぜうまくいかなかったのだろうか？　単に本人の実力が足りなかったのかもしれないが、どうもそれ以外の理由もあるように思える。大学院を中途で去らざるをえなくなってしまった人には、ある種の共通項があるというのが、私の見立てだ。

また、この〝失敗〟について書いておくと、大学院留学に興味はあるけど不安のほうが大きい、という人の参考になるだろう。失敗してしまうパターンを知っておけば、それを避けるための努力ができる。やはり「知識は力」なのだ。

ＰｈＤをとること自体は、じつはそんなにむずかしいことではない。頭脳明晰な秀才でないととれない、という類のものではないのだ。たいていの場合は、頑張ればなんとかなる。そもそも「この学生はＰｈＤをとる素質がある」と大学院側が判断するから合格できるわけで、はじめから落とすつもりで学生を採用する大学院はないのだ。

二つのタイプ

ＰｈＤコースからドロップアウトしてしまう人は、いろいろな要因が重なってそういう結果にいたったのだろうが、私がこれまで見聞きしてきたかぎりでは、「助けを求めなかった人」（もしくは「助けを求めることのできなかった人」）がそういう結果になってしまうことが多い。もっと早く助けを求めていれば、まわりも解決策を考えてくれて、なんとかなったかもしれない……と書いただけでは、なんのことかわからないかもしれない。このことを理解するには、まず、ＰｈＤコースには大きく分けて「二つのタイプ」があるということを知っておく必要がある。

先ほど「はじめから落とすつもりで学生を採用する大学院はない」と書いた。これは嘘ではな

いが、だからといって、大学院側が「採用した学生全員に必ずPhDをとらせよう」と考えているわけでもない。「この学生は駄目だろう」と思って採用したりはしないが、たとえば、全部で二〇人採用するけれども、適性試験に合格するPhD候補生の枠は一五人しかない、といった方針の大学院も中にはあるのだ。つまり、「採用した学生は一生懸命育てて、なるべくみんなにPhDをとらせてあげようと努力する」ところ（本書では「育成コース」と呼ぶことにしよう）と、「はじめの二年間は学生のあいだで競争させて、生き残ったものだけ上にあげる」ところ（こちらは「選抜コース」）があるのだ。後者はちょっと無責任な気がするが、実際そういう大学院もあるので仕方がない。

そして、選抜コースではあまり打つ手がないので、けっこう苦しい。とくに、適性試験の口頭試験は、英語が得意でないとかなりつらいかもしれない。というわけで、まずこのつらいタイプのPhDプログラムについて少し説明しよう。

選抜コース――生き残りを賭けた最初の二年間

選抜コースの中にも、大学院によってさまざまなバリエーションがあり、一般的なことを書くのはほぼ不可能である。ここに書く内容は、こういう場合もある、という参考程度にしかならないことをあらかじめ断っておく。

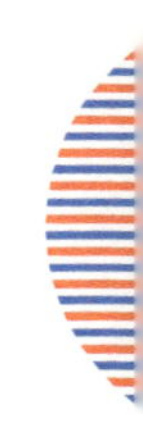

私がこれまで聞いたかぎりでは、この「選抜コース」では初めの二年間におもに授業ばっかりとらせることが多いようだ。私が専門とする地球物理学分野では、初めから研究課題にも取り組ませるところが多数派だが、ほかの分野では、基礎科目の授業でよい成績をとってからでないと「研究するなんておこがましい」という雰囲気があったりする。

そしてどうやら、授業ばかりとらせているほうが学生を切りやすいらしい。たとえば、授業と並行して研究も進めていると、「この学生は授業の成績はいまいちだが、研究に対する態度はなかなか感心だ。見込みがあると思う」というふうに、指導教官が試験の出来が悪かった学生をかばうこともできる。ところが、授業だけとらせた結果、成績表の見た目が悪かったら、もうそれでアウトというわけである。

日本人の留学生だったら、おそらくまじめに勉強するだろうから、いい成績をとるのはそれほどむずかしくはないかもしれない。でも、単に「いい」だけではなくて、上位五〇パーセントに入らなければいけないとすると、かなりのプレッシャーを感じるだろう。成績順位表が張り出されるわけではないので、まわりの学生がどのくらいの成績をとっているかなんて、ふつうはよくわからない。

適性試験で最後まで立っていられるか？

なんにせよ、授業の成績だけで脱落させられる可能性があると、ある種の緊張感が生まれ、この緊張は適性試験で最高潮に達する。

適性試験はふつう、筆記試験と口頭試験の二つに分かれている。筆記試験は、すごいところでは36 hours open book（どんな本を見てもよいから、出題された問題を三六時間以内に解く、というもの。つまり、本を見ただけでは答えがわからないような高度な問題が出る）とか、なかなかの迫力である。しかし、なんといっても、アジアからの留学生を最も苦しめるのは口頭試験だ。

五、六人の教授が並んで座っている前に立ち、これまで履修した科目について次から次へと質問を受け、それに答えていかなくてはいけない。二時間くらいはずっと質問攻めだ。まず教授陣の前に立つというシチュエーション自体、かなり緊張するものである。そして「これこれについて説明せよ」と質問されて、すばやく答えるのは、人に（英語で）教えた経験がないとなかなかむずかしい。質問された事柄について理解していたとしても、それを他人に説明できるかどうかはまたべつの話だからだ。TAなどでそういう経験を積むことは、とても大切になってくる。日本語であればなんとかなるかもしれないが、それを英語でやらないといけないので、しゃべるのが不得意な学生だと、パニックに陥ってしまいがちである。

英語が得意だったとしても、またアメリカ人だったとしても、パニックに陥ってしまう人はいる。私自身、何回か目撃したことがあるが、一度パニックに陥った学生は、もうその場では二度と復活できないようだ。凍ってしまうというか、ひと言もしゃべれなくなってしまうのである。助け船を出すつもりで、ものすごく簡単な質問をしても、もう思考能力が飛んでしまっているようで、どうしようもない。そんなことをすると、逆に「そんな簡単なこともわからないの？」と思われ、余計に印象が悪くなってしまう。

スピーキングが不得意な人は、口頭試験に向けてしっかり練習しておかないと、まずうまくいかないだろう。授業をとるという行為は「受け身」なので、いくら頑張っても口頭試験対策にはならない。自分の口を動かして、学んできた内容をほかの人に説明するトレーニングを、自主的に積んでおかないといけないのだ。

一つだけアドバイスをしておくと、口頭試験では決して"I don't know."（それは知りません）と言ってはいけない。仮に知らないことを聞かれても、「えっと、聞いたことはあるんですが……それって、こういうことでしたっけ？」のような感じで粘って、質問してきた教授からヒントを引き出す努力をしよう。口頭試験で試されるのは、学生が「どのくらい知っているか」ではなく「どのくらい継続して思考できるか」である。もちろん、思考のためには前もってそれなりの知識が必要なのだが、知らないことを今わかっていることから推測する力も大切である。

口頭試験では基本的に、教授はできるだけ学生をいじめようと努力する。ぬるい質問をして簡

単に答えられては意味がない、と考えているのである。教授は、学生が「最後まで立っていられるか」を見ているので、粘った者勝ちなのだ。

授業の成績、筆記試験、口頭試験の三つをどういう比重で評価するかは、PhDプログラムによってまったく異なる。授業の成績も中間試験や期末試験の結果が大きく響くので、この三つはいずれも、「試験」による評価である。緊張すると調子が狂ってしまうような、本番に弱い人にはつらいものがあるだろう。適性試験を乗り切るには、過去にどんな問題や質問が出たかを、先輩に聞くなり教授に探りを入れるなりして、一生懸命調べて対策を練るしかない。起こりうることを予測して、それらに対応できるようにできるだけ準備しておくこと。準備はあらゆるシチュエーションで大切だが、「選抜コース」の大学院で生き残るためには必須である。

育成コース——授業と研究を並行しておこなわせ、多角的に判断する

ＰｈＤプログラムのもう一つのタイプは、適性試験を受ける前の最初の二年間に、授業だけでなく研究プロジェクトも並行してやらせるところである。どの程度の研究をやらせるかは大学院によって異なる。論文を二本くらい書けるような濃いテーマでないといけないところもあるし、一本書ければ十分というところもあるようだ。

この「育成コース」の場合、適性試験が研究発表のかたちになることが多いので、英語があまり得意でない日本人学生にとってはやりやすい。もちろん、発表後に口頭試験のような質疑応答もあるが、メインがこれまでやってきた研究の発表なので、発表の準備をしっかりしておけば、自分のペースで乗り切ることができる。

また、たとえ発表がビシッと決まらなくても、指導教官がこれまでの頑張りをちゃんと評価してくれる。たとえば、「発表はいまいちだったが、彼の研究の内容自体は素晴らしい。まあ、これから英語をもっと頑張らないといけないとは思うけれど」みたいな感じでフォローしてもらえる可能性がある。教授側にしても、授業を受けさせると同時に研究もやらせるほうが、学生の素質を多角的に評価できるという利点がある。

学部卒業後、そのままＰｈＤコースに入ってきたアメリカ人の学生には、「育成コース」が苦手な人がたまにいる。日本人で大学院留学までしようと思う学生は、「研究をしたい」という気

持ちがはじめからかなり強いはずだが、アメリカ人だと「英語の壁」がないので、単に「学生生活をもっと続けていたい」という理由で大学院に進学する学生も中にはいる。そして、そういうタイプは「授業をとって勉強する」というかたちに慣れてしまっているので、自分で能動的に研究をするという学生生活になかなかなじめないことがある。そういう学生は修士号だけとって就職したりする。

この育成コースは、授業も研究も同時にやらせるので大変そうに見えるかもしれない。ただ、この方針の背景には、「一年目からいろいろ体験させて、研究者として大きく育てよう」という狙いがある。そのため、適性試験においては、「少しでもできなかったら落とす」というよりも、「一つでも見所があれば通す」という立場をとるところが多い。

しかし、育成コースにも落とし穴があって、指導教官との相性が悪いとかなり雲行きが怪しくなる。指導教官が救ってくれることがある一方で、見捨てられてしまうこともあるのだ。ここで、先に述べた、助けを求め（られ）ずにドロップアウトしてしまう例が生じる。というわけで、次に「助けを求め（られ）なかった人」とはどういう人のことか説明しよう。

指導教官との相性

ＰｈＤをとるにはふつう五年ほどかかる。そのあいだに何のトラブルに遭うこともなく、すん

なり学位がとれるということは珍しいだろう。大なり小なり、つまずきを経験するのがふつうである。統計をとったわけではないのであまり断定的なことは言えないが、私自身もいろいろあったし、まわりの学生を見ていても、苦労している人のほうが多い印象がある。

ＰｈＤコースにおけるつまずきにはさまざまなケースがあるが、いちばん厄介なのは「指導教官との相性が悪い」ことだ。ＰｈＤコースは研究が主体で、研究で結果を出せなければ学位もとれない。なので、研究の大元締めである指導教官との関係がうまくいかないというのは致命的である。

「相性が悪い」と言っても、性格的に合わないとかそういうことではない。べつに教官と友達になる必要はないので、性格の相性はあまり問題ではないのだ。そうではなくて、研究の進行に影響を及ぼすような、指導教官がらみのトラブルのことを全部まとめて、ここでは「相性が悪い」と表現している。たとえば、「指導教官から与えられたプロジェクトにおもしろみを感じない」とか、「自分の能力が指導教官の要求するレベルに達していないことに、気づいてもらえない」といったトラブルが当てはまる。

大学院には数多くの教授と学生がいるが、一人ひとりの学生にとってみれば、自分の指導教官によってつくられる世界がすべて、と言っても過言ではない。もちろん、学生どうしの交流もあるし、ほかの教授と話をする機会もある。しかし、自分がおこなっている研究がどの程度の代物であるかの判断について、いちばんの権威をもつのは指導教官である。大学院での研究はかなり専門性が高くなるので、少しでも分野がちがうと、ほかの教授では判断がむずかしくなる。指導教官に評価されていれば問題ないが、そうでない場合は精神的につらいものがある。

学生にいろいろなタイプがいるように、教授にもいろいろなタイプがいる。学生の世話に時間を惜しまない教授もいれば、出来の悪い学生はあっさり見捨てる教授もいる。これは学生のほうで変えようと思っても変えられるものではない。そういうものだと受け入れるしかない。出来の悪い学生のレベルを向上させるために、どのくらいの時間を費やすべきか、という考えは教授によってまったくちがう。

私がまだ駆け出しの大学教員だったころ、尊敬する地球物理学者の一人（私の所属とはべつの大学の教授）に学生の指導にかける手間について尋ねたことがある。彼の答えは残酷なほどにハッキリしていた。要約すれば、「できる学生にはいくらでも時間を使え。そういう学生はこちらが面倒をみればみるほど、どんどん伸びてくれる」「できない学生は放っておけ。指導しても時間がかかるばっかりで、まったくの無駄だ」ということだった。ちなみに、彼は非常に温厚な人柄で知られていて、こういうポリシーをもっているというのは、正直驚きだった。

入学審査である程度はふるいにかけているとはいえ、入ってくる学生の質にはどうしてもばらつきがある。みんながみんな、どんな指導教官のもとでも学位をとれるくらいのずば抜けた能力をもっている学生であることは、まずないと言っていい。学生と教官の相性がぴったりであれば万々歳だが、そうでなくてもべつに驚くようなことではないのだ。しかし、学生の立場からして

みると、指導教官とうまくいかない場合はかなりダメージが大きい。
　留学生活がうまくいかないと、

「頑張っているつもりなのに、なかなか成果が出ない……」
「こんなことをやりに、わざわざアメリカまで来たんじゃない……」
「困っているのに誰も全然気づいてくれない……」
「ほかの学生は結果を出しはじめているのに……」
「自分だけ置いてきぼりにされているような……」

といったネガティブな気持ちが次第に膨らんでしまう。そして、さらに指導教官とうまくいかないとなると、もうどうしようもないとあきらめてしまう人も多いだろう。
　しかし、困った事態に陥ったときに、「困っているのは自分だけだ」とか「自分の力で解決しないと駄目だ」とか「この苦境を脱出するにはこの方法しかない」のように、近視眼的に思い込んでしまうのはよろしくない。思い込んだ結果、問題を解決できればいいのだが、解決できなければドロップアウトという厳しい結果が待っているかもしれないのだ。

他人の力を借りる

「このくらい、〝もうちょっと〟頑張ればなんとかなるさ」と思えるのであれば、そのまま頑張ってもらえばいい。しかし、ゼーゼー息切れしてしまうくらいに追いつめられたときは、「他人の力を借りる」ことも考えよう。といっても、プロジェクトを手伝ってもらうということではない。まわりが見えなくなってしまっている自分の状態に気づくための手段の一つとして、「他人の視点を借りる」ということである。もしかすると、これは日本人が苦手とする解決法ではないだろうか？　まわりに不満をこぼすのは格好悪いことだ、と日本人は思ってしまいがちである。

だが、「同じような問題で困っているのは、決して自分一人ではない」、そして「アメリカでは言ったもの勝ち」という二点を理解すれば、私が言いたいことをわかってもらえるだろう。悩みを打ち明けて打開策を見つけるか、悩みを抱え込んだまま大学院を中途で去っていくことになるか、どちらが望ましいかは明白である。「こんなこと、他人に相談したところで解決できるもんじゃない」と思うような問題でも、話してみることで解決することのほうが圧倒的に多いのだ。

要領の悪い学生

「指導教官との相性」という表現は、指導教官のほうに非があるような印象を与えるかもしれな

表3-1　学生を「優秀さ」と「勤勉さ」で分類

		優秀さ ○	優秀さ ×
勤勉さ	○	タイプ① 優秀で勤勉	タイプ③ 優秀ではないが勤勉
勤勉さ	×	タイプ② 優秀でなまけ者	タイプ④ 優秀ではなく、かつなまけ者

いが、必ずしもそうではない。アメリカの大学院では、入ってくる学生のバックグラウンドにかなり大きな幅があるので、すべてのタイプの学生に対応できる教授のほうが珍しいのである。

ここでは思い切って、学生のタイプを「優秀さ」と「勤勉さ」の二つの評価軸で、それぞれ○か×かの二グループに分けてみることにしよう。すると、表3-1のように、学生を四つのタイプに分けられる。これら四つのタイプの見込みを記せば、

タイプ別の学生の見込み：

タイプ①「優秀で勤勉」な学生はあまり問題がなく、
タイプ②「優秀でなまけ者」も、まあなんとかなることが多く、
タイプ③「優秀ではないが勤勉」であれば救いようがあるが、
タイプ④「優秀ではなく、かつなまけ者」だとどうしようもない

となるだろう。

しかしタイプ④でも「要領」がいい奴がいて、巧みにいろいろな審査をすり抜けてくるので、教授にしてみたら非常にやっかいな存在である。そういう学生にプロジェクトを与えても、結局、教授がほとんどの仕事をやらなくてはいけないことになったりする。このタイプの学生は time sucker（時間泥棒）などと呼ばれる。

アメリカ留学をしてPhDをとりたいと考える日本人学生の場合、なまけ者である可能性はかなり低いだろう。よって、本書の読者はみな「勤勉」であると仮定して、話を進めることにする。すると、タイプ①「優秀で勤勉」とタイプ③「優秀ではないが勤勉」の二つに絞られるわけだが、ここでもう一つ大切な分類を導入したい。それは

「要領がいい学生」と「要領が悪い学生」

である。「要領がいいこと」と「優秀であること」はちょっとちがう。本当は頭がいいのだけれど、要領が悪いためにあまり評価されないタイプもいる。というわけで、またまた四つのタイプが生じて、表3-2のように分類できる。タイプ❶「優秀で要領がいい」学生はまったく問題がない。これは、次世代のリーダーになるタイプだろう。

タイプ❸「優秀ではないが要領がいい」学生は、PhDコースのあいだに訪れる危機を回避す

表3-2　勤勉な学生を「優秀さ」と「要領のよさ」で分類

		優秀さ ○	優秀さ ×
要領のよさ	○	タイプ❶ 優秀で要領がいい	タイプ❸ 優秀ではないが要領がいい
要領のよさ	×	タイプ❷ 優秀だが要領が悪い	タイプ❹ 優秀でなくて要領も悪い

ることができるので、そこそこやっていける。

また、要領がいい学生だと、指導教官との相性はほとんど問題にならない。教授のいい部分だけを上手に利用することができるからだ。「この教授のプロジェクトはあまり好きではないけれど、こういう技術は学べるからとりあえずやってしまって、足りない部分は自分で勉強しよう」とか、「この教授からはこれを学んで、こっちの教授からはあれを教わって」と、自分で工夫することができるのである。要領がいい人というのは、つねに全体を見渡す視野をもち、目標に向かっていちばん効率のいい道筋を見いだせる能力の備わった人のことを指す。

問題はタイプ❷「優秀だが要領が悪い」とかタイプ❹「優秀でなくて要領も悪い」場合で、この場合は指導教官との巡り合わせがよくないと、つまずきがちである。

PhDはもちろん、論文を書き上げればもらえるものだが、そこにたどり着くまでの道筋が明確に定義されているわけではない。決められた科目を全部履修すればもらえると

か、そういう類いのものではないのだ。よって、どういうふうに研究を進めていくかは学生一人ひとりちがう。本来、これが研究のおもしろいところである。試行錯誤を繰り返しながら研究するのがふつうだから、指導教官に相談すればいろいろアドバイスをもらえるはずである。

しかし、なかなか気軽に相談できない指導教官だったり、もしくは学生が勝手に「このレベルまで自力でやらないとダメだ」などと思っていたりすると、抱えている問題が自分固有のものであると思い込んでしまいがちである。そう思い込んでしまうと、まわりの学生は何の問題もなく順調に研究をこなしているように見え、自分だけが特殊なトラブルに見舞われているように感じはじめる。

最善の解決策──困っていることを指導教官に伝える

研究で困ってしまったときの最善の解決策は、まず「自分が困っている」と指導教官に伝えること。本当は困っているのに何も言わないでいると、教授はまず絶対に気づかない。学生の顔色を気にするほど暇ではないし、困っているのにそれを言わずにいれば、「現状を改善する努力をしない」やる気のない学生だとみなされても仕方がない。

たとえば、教授が要求するレベルが高すぎて議論についていけないときや、課題をこなせないときは、正直にそう伝えよう。もしかしたら、単に教授があなたに仮定しているレベルが高すぎ

るだけの話で、それを少し下げてもらっても何の支障もないかもしれない。また、そのように相談することで、「君はこれをきちんと知らないのか。気づかなかったよ。じゃあ、今学期この授業をとってみたらどう？」とか、「じゃあ、このプロジェクトはひとまず置いておいて、まずこっちをやってみようか」とか、前向きに対処してくれる教授が大半だと思う。やる気がなくて出来の悪い学生に情けをかける教授は珍しくても、やる気があって上を目指す学生は育てようとするのがふつうである。

そして、頭の片隅に留めておいてほしいのは、困っているのは決してあなた一人ではないということだ。経験豊富な教授は、困りごとを抱えた学生を何人も見てきている。仮にあなたの学年で困っていそうな学生はあなた一人だとしても、あなたの学科で過去一〇年のあいだに在籍した学生全体を考えてみると、あなたと同じような問題を抱えていた学生が必ず一人はいるはずである。ということは、教授陣にしてみれば、たいていの学生のつまずきはとくに珍しい出来事ではなくて、対策もそれなりに用意されている。

「早めに相談してもらえればなんとかなったのに」というのは、よく聞く話である。手遅れになるまで自分で抱え込んでしまって、まわりが気づいたときにはどうすることもできない、という事態に陥ることだけは避けよう。

アメリカでは、思っていること・考えていることは口に出して言わないと絶対にわかってもらえない。いろいろな人種の人が世界各国から集まっていて、なんでもありの国なので、黙っていると何を考えているのかまったく伝わらない。以心伝心という概念は存在しないのだ。逆に、口に出して意思表示すると、たいていのことがなんとかなる。自分から苦境を抜け出そうと努力している証しにもなる。

指導教官には直接相談できない困りごとなら、各学科におかれた大学院生専門のアドバイザーに相談するという手がある。どこの学科にもDirector of Graduate Studies（ＤＧＳ）といった肩書きの教授が一人いて、その教授はＰｈＤコース全体の運営をまかされている。学生たちがちゃんと研究できているかどうかをつねに気にする立場の人なので、親身になって相談にのってくれるはずだ。

自分の指導教官がＤＧＳだった場合は、学科長に相談すればなんとかなるはずである。たとえば、指導教官を変えてもらうことによって解決する場合もある。ある教授にとっては落ちこぼれでも、ほかの教授にとってはそこそこ有能な学生だったりするのだ。

相談することによって、自分では思いもつかなかった選択肢が手に入ることもある。学生はどうしても経験が少ないので、自分の頭だけで選択肢を探していても限りがある。いったいどういう選択肢が存在するのか、それを知るだけでも相談する価値はある。

「聞くは一時の恥、聞かぬは一生の恥」というが、それに近いものがある。ＰｈＤをとってしまえば、苦労したことは全部いい思い出に変わるのだから。

欲張りな留学生と三人の指導教官——著者のPhDコース体験談

いちばん苦しかったとき

さて、これまではできるだけ一般的に話を進めてきたが、具体的な話もあったほうがよいと思うので、実践編の後半は私自身の体験談を書いてみよう。

私は幸い「ドロップアウトしてしまうかも」というような危機には陥ることなく、無事にPhDをとることができたが、すんなりいったわけでもない。今振り返ってみると、いちばん苦しかったのは四年目だった。

それまでの三年間はおもに観測中心の研究に取り組んでいて、そのまま観測の研究だけを続けていてもそれなりの博士論文が書けたと思う。しかし、私は「観測も理論もできるサイエンティスト」を目指していたので、学生のあいだに理論的な研究にも手をつけておきたい、とずっと思っていた。そこで、四年目から思い切って理論的な研究をはじめることにした。指導教官も変えて、所属する研究室も変わった。

しかし、それまで観測畑の研究しか経験していなかったので、理論的な仕事のコツをつかむのにとても時間がかかった。

まず、関係する先行研究がまったくべつのものになるので、読まないといけない論文の数が膨大だった。「ゼロからのスタート」に近いものがあったのだ。研究課題を考えられるレベルまで自分をもっていくため、とにかく片っ端から論文を読みまくったが、その当時は、足踏みしていてなかなか前に進めないような感覚を覚えたものだ。

さらに困ったことに、いい研究のアイデアがなかなか出てこなかった。自分が思いつくものはすべて、もうほかの人が手をつけているように思えて、いったい何をやったらいいのかよくわからなくなってしまった時期もあった。一生懸命考えているのにアイデアが出てこなくて、研究のスタート地点にすら立てないというのは、相当つらかった。

毎日毎日、朝から晩まで研究に時間を費やしているけれども、人に見せられる研究結果というものが手元にまったくないという状態が数ヵ月続いた。私が所属していた研究室では、毎年夏になると、指導教官の別荘に学生全員が集まって自分の研究結果を発表するというイベントがあった。四年目の夏のこのイベントでは、まわりの学生が「この結果はNatureに投稿するつもり」とか言っているのに、自分はまだ「こういうことを研究するつもり」なんていうレベルで、強い劣等感に苛まれた。

「このまま頑張れば、そのうちなんとかなるはず。焦らずにやっていこう」と思っていたつもりだったが、体のほうがついていかなくなってしまった。べつに高い熱が出るわけではないのだが、微熱のような状態が数週間続くという、それまで経験したことのない症状が出るようになっ

てしまった。せきが出て、せき止めの薬を飲んでも止まらなくて、あまりにせきがひどいので、夜はまともに眠れなくなってしまった。寝汗をぐっしょりかいて、寝間着を二回も三回も着替えないといけない夜が続くようになった。

研究の調子がいまいちなときに体調を崩すと最悪だ。ゆっくり休養をとれば治るのかもしれないが、ゆっくりしていられる精神的余裕がないので、中途半端にしか休めない。そうすると体調は回復しないし、研究も進まない、ますます焦る、という悪循環が続く。精神的にもけっこうこたえる。

救いのひと言

で、こんなに調子が悪いのはどう考えても変だ、薬もあまり効かないし、ただの風邪ではありえないと思って大学の病院に行った。すると、「これはアレルギーっぽいね」との診断だった。

私「アレルギーですか？　僕は今までそういうのは一切なかったんですが……」

お医者さん「いや、アレルギーというのは突然出たりするんだよ。いろいろな原因があるけど、たとえば……ストレスがたまっているときとか出やすいよね」

と言われて、「あー、ストレスか」とピンとくるものがあった。ふだんはあまり弱音を吐かないようにしていたが、このときはなぜか素直になっていて、ついポロリと

"I guess I'm stressed out."（たぶん、精神的に参ってるんだと思います）

とこぼした。すると、そのお医者さんが

"Oh, everybody here is stressed out. MIT is a tough place."（うん、ここではみんなそうだよね。ＭＩＴはキツイところさ）

と言ったのだった。彼はさらりと言っただけだが、これまでストレスに苦しむ学生を数多く診察してきた医者にしかもちえない説得力があっ

た。

その言葉を聞き、「なんだ、ストレスで参っているのは自分だけじゃないんだ。みんなそれぞれ大変な思いをしていて、それでも頑張っているんだ」と気づき、目から鱗(うろこ)が落ちるような気分だった。書いてみると当たり前のことのようだが、まわりのことが見えなくなっていた当時の私は、そんなことにも気づけなくなっていたのだ。

その日を境に、急に気分が晴れやかになって、症状も少しずつよくなったのを覚えている。もちろん、抗アレルギー剤を処方してもらったおかげもあると思うが……。理論的な研究がうまくいきはじめるまでには、それからさらに数ヵ月かかったが、このお医者さんと話をしていなかったら……もっと大変だったかもしれない。

このつらさは、私が欲張って研究課題を増やしたことに起因しているので自業自得だが、「わざわざアメリカまで来たんだし、ＰｈＤ取得には五年はかかるんだし、どうせならいろいろやってみたい」と思うのは私だけではないだろう。

そんな欲張りな私は、ＰｈＤをとるまでに三人の指導教官と巡り会うことになった。ふつうは一人か二人どまりなので、これは多いほうである。おかげでいろいろな体験ができたが、大変でもあった。三人ともまったくちがうタイプの研究者だったので、彼らとのつきあい方を学んでいくことによって、自分独自の研究スタイルを確立できたように思う。というわけで、次項からは私の指導教官についての思い出を紹介しよう。

第一の指導教官——非の打ちどころのないアドバイザー

私自身の指導教官との思い出を「実践編」に書くのには、少しワケがある。というのも、ＰｈＤコースでいちばん大切なのは「相性のいい指導教官」との巡り会いで、指導教官によって、どんな五年間を送るかが決まってしまうと言っても過言ではない。私が自分の体験について実践編で書くのは、今まさに困っている人が読めば、もしかしたら何かの参考になるかもしれないと考えたからである。

教授にもじつにいろいろなタイプの人がいる。ただでさえアメリカという異国の地で研究をするのは大変なのに、そのうえ指導教官とうまくいかなかったら、留学なんてしなければよかった、と思うかもしれない。しかし、たとえ優秀で相性のいい指導教官に出会えたとしても、五年間何の問題もなく過ごせるというのはまれだろう。トラブルをいくつか経験して、ときには大変な思いをすることもある。要は、ＰｈＤをとったあとで「いろいろあったけど、いい指導教官だったなあ」と思えるかどうかである。日々のつきあいでは落ち込むこともあるかもしれないが、どうすれば自分の指導教官とよりうまくつきあえるかを考えて、前向きに努力してほしい。

私は三人の指導教官に巡り合ったが、彼らに会わなかったら今の私はないと断言できるくらい、みな素晴らしい研究者だった。指導教官については、私はとても幸運に恵まれた。しかし大変なこともたくさんあった。とくに、二番目の指導教官とのつきあいには非常に苦労した。彼は

スティーブ・ホルブルック
研究船ラングセス号での一枚。1997年にWHOIからワイオミング大学に移ったスティーブだが、2017年にバージニア工科大学の地球科学科に学科長として就任した。

学生の指導に関してはかなり無茶苦茶な人だったからだ。しかし、話の順番として、第一の指導教官スティーブ・ホルブルックから紹介しよう。

最初の指導教官が彼で本当によかったと思う。彼は非の打ちどころのないアドバイザーだった。この人とうまくいかないとしたら絶対に学生のほうが悪い、と言い切れるくらい素晴らしい指導教官である。スティーブは海洋地震学の専門家で、つまり（地球物理の細かい話になってしまい恐縮だが）、地震波を使って海底の地殻構造を調べたりする分野の研究者である。私は修士まで海洋地磁気学という分野で研究していたが、どうせPhDは五年くらいかかるのだから新しいことに挑戦しようと思って、留学を機に研究テーマを地震学に切り替えたのだ。

さて、当時のウッズホール海洋研究所には、ボブ・ディトリックという海洋地震学の大御所がいて、じつは私は彼の研究室に応募したのだった。しかし、当時彼は学生を三人抱えていて、一方、スティーブの研究室には学生が一人しかおらず、もっと戦力がほしいという状況だった。そのような事情から、私はスティーブの学生になったのである。スティーブは私より一〇歳年上で、当時はまだ三〇代半ばの若手の研究者だった。研究者としてまだそれほど有名ではなく、私はウッズホールに行くまで彼の論文を読んだことすらなかった。しかし、大きなプロジェクトを同時に三つも四つも抱えていて、とても精力的な研究者だった。

彼との最初のプロジェクトに取り組みはじめたころ、私は研究の要領というのがよくわかっておらず、ときどき自分の研究方針を見失ってしまうことがあった。プロジェクトの全体像が見えていないために、「今やっているこの解析の結果は、いったい何の役に立つのだろうか？　このあとは何をやればいいのだろうか？」と悩むこともあった。しかし、スティーブに相談しに行くと、そんな悩みはいつもあっという間に解決した。

「いいかね、ジュン。まずこれについてとりあえず結果を出してみよう。これだけでも十分インパクトがあるものだ。なぜなら、これはみんなが知りたいと思っていることだけど、まだ誰もやったことがないからだ。今度の学会発表までには、ここまでできていればいいだろう。で、そのあとにこういう研究を続けてやれば完璧だ。なぜなら……」

というように、やるべきステップとその意義について、いつも明解に説明してくれた。相談しに行く前は、頭の中をまとまりのない思考がぐるぐると回っていたのに、たった一五分話しただけで「すっきり晴天！」になったものだ。

「非常口はどこにある？」

スティーブからはいろいろなことを学んだが、いちばん印象的な言葉を紹介しよう。それを聞かされたのは、ＰｈＤコース半ばに私がべつの指導教官と理論的な研究をやりたいと言って、自分の研究計画を説明したときのことだ。私が「こんなアイデアがあって、こういう計算をすれば新しいことがわかるはずだ」と話すと、スティーブは「それはおもしろそうなアイデアだけど……」と言ったあとに、少し心配そうな顔をしてこう続けた。

“Where's your escape hatch?”（非常口はどこにある？）

つまり、私が思っているとおりに研究が進めば新しいことが見つかるかもしれないけれど、もしその予想が外れていたらどうなるのか？　そういう事態もちゃんと考えているのか？　と聞いてきたのだ。私はあまり深刻にはとらえず、「スティーブったら本当に心配性だなぁ。もしうまくいかなくても、そのときはそのときでなんとかなるって」と楽観的に考えていた。この言葉はいかにもスティーブらしい問いで、私がこの問いの重要性に気づいたのは、それからしばらくたってからだ。

さて、スティーブがこんなことを聞いてきた理由を理解してもらうには、少し海の研究について話をする必要がある。

フィールド調査というのは陸でも海でも大変なことが多いと思うが、よりお金がかかるのは間違いなく海の調査だ。陸でもへんぴなところに行くのは大変だが、たいていの場合は飛行機＋レンタカー＋徒歩でたどり着けるだろう。しかし、海の場合は船で行くしかない。一ヵ月以上の研究航海ができるくらいの規模の船になると、船員だけでも最低一五人は必要である。船長、一等航海士、二等航海士、三等航海士、機関長、一等機関士、二等機関士、通信長、甲板長、技官、コックですでに十一人で、そのほかにさまざまな作業のための船員が数人程度いる。これに加えて、研究者グループがふつうは一〇人から一五人くらい。海にいるあいだ、これらのメンバーは二四時間労働をしているとみなされるので、人件費だけでもかなりの額になる。ちなみに、一回の航海にかかる費用は日本円に換算して億単位だ。

そんでもって船はかなりトロい。研究船はたいてい最速で一五ノットくらい、つまり時速三〇キロくらいでしか走れない。なので、港を出てから目的の海域に到着するまで優に一週間以上か

かったりする。一回の航海の長さは、船のオイルタンクと食料庫のサイズで決まる。たいてい五〇日以下で、それ以上長い航海は物理的に不可能である。また、五〇日以上船に閉じ込められていると、精神的にも相当きつくなる。

何かとお金がかかる研究航海のために予算をとってくるのは、並たいていのことではない。優秀な研究者でも、何回も何回もプロポーザルを提出して数年に一度とれるかどうかという世界だ。仮に五〇日の航海日程が運よくとれたとしても、二週間くらいは単なる移動に使われるので、正味一ヵ月くらいしか調査期間がない。また、大海原のど真ん中でほぼ完全に隔離された状況なので、「何かがうまくいかなくて、当初の計画が実行できなくなる」可能性がけっこう高い。持って行った観測機器が途中で故障してしまう、というのはよくある話である。海が荒れると船はかなり揺れるので、その上で作業していると、ふつうは壊れない機器が壊れてしまうこともある。悪天候のせいで、そもそも目的の海域にたどり着けないということも、たまにある。

スティーブにはアリューシャン列島、ニュージーランド、グリーンランドと、三つの研究航海に連れて行ってもらった。これらは、すべて高緯度にある海域で、つまり「海が荒れていることが多い」キツい航海ばかりだった。とくにグリーンランドの航海はなかなか大変で、八月から九月にかけて二ヵ月近く海の上だった。八月から九月という時期にグリーンランドへ向かったのには、理由がある。グリーンランドの海岸線付近は一年のほとんどの期間を流氷に覆われているのだが、この時期には流氷が融けて海岸線に近づけるからだ。しかし同時に、八月から九月というのはハリケーンが大量発生する季節でもある。南から次々にやってくるハリケーンから逃げ回りながら、その合間に観測を実施するという、綱渡りのような航海だった。

航海の失敗は研究者にとって致命的だ。その航海は数年に一度のめったにない機会で、かつ大勢の人間と多額の予算を使っているのだ。それでしくじって何の成果も出せないような人に再度チャンスを与えるほど、funding agency（研究資金を提供する機関）はお人好しではない。「機器が壊れた」とか「天気が悪かった」というのは、まったく言い訳にならないのである。

というわけで、船に乗るタイプの研究者は「もし当初の計画がポシャってしまったらどうするか」ということを、前もって念入りに考えておく必要がある。船の上で計画を練り直す時間なんてないからだ。

「こんなこともあろうかと思って……」と出す代替案のことをアメリカではよく「プランB」と言うが、スティーブはつねにプランCくらいまで考えている人だった。たとえば、技官のちょっとしたミスで主要な観測機器がすべて爆破されてしまった航海があった（海洋地震学では、ダイナマイトなどを使って人工地震を発生させることがあるので、大量の爆薬を扱う航海もある）。この航海でも、スティーブはなけなしの補助的な観測機器をかき集めて非常に質の高い観測データをとることに成功し、そのデータをもとに二本論文を出すという離れ業（わざ）に近いようなことを成し遂げた。

そんなスティーブにとって、「もし予想が外れたときはどうするのか」という、プランBがは

っきりしていない私の研究計画は、非常に不安を与える代物だったのだ。といっても、その計画は理論的研究であって、べつに航海をするわけではないのだから、そんなに心配しなくても……と、私自身はあまり気にしなかった。結局、案の定、私の予想は外れてしまった（笑）。今考えれば、理論についてまだよくわかっていないシロウトの思いつきがいきなりうまくいくはずもないのだが、「失敗する可能性のあるものは必ず失敗する」というマーフィーの法則のとおりになってしまい、イタい経験をした。そして、失敗して初めて、彼のアドバイスはどんなタイプの研究計画にとっても有益なものだと気づいたのだ。

大事なのは問題設定

「もしかしたら、こうやればうまくいくんじゃないか、と思ってやってみたけど、うまくいかなかった」というのを「negative result（負の結果）」と呼ぶ。科学の世界では、思いつきの失敗例を報告する論文を出版することは、たいていの場合不可能である。学会では発表できるかもしれないが、論文として公表するのはむずかしい。そういう論文まで出版していたらキリがないので、これは当たり前のことだ。

ところが、「こうやれば新しいことがわかるんじゃないか」という視点だけで、安易な研究計画を立てている学生・研究者は少なくない。スティーブふうに言うと、それは非常口がない計画だ。一日、二日で簡単に結果が出るようなことなら深く考えなくてもよいかもしれないが、結果を出すのに一ヵ月以上かかるようなケースだと、当初の予想が外れていたときのダメージはかなり大きい。「ギャンブルしないとおもしろい発見なんてできないよ！」と言う人もいるかもしれないが、非常口を設けること自体はそんなにむずかしいことではないので、大きな研究計画を立てるときにはつねに考慮しておいたほうがいい。

非常口のある計画というのは、問題設定がうまい計画ともいえる。つまり、Aという結果が出るか、Bという結果が出るかは前もってわからないけれど、どちらに転んでも計画自体は成功したとみなせるように、問題を設定すればよいのだ。私の経験上、これはより根源的な問いから研究をスタートさせることによってうまくいくことが多い。たとえば、「この現象はこのプロセスが原因なのではないか？」と思い込んで先に突っ走るのではなく、「このプロセスが引き起こしうる現象を系統的に調べて、その結果の応用例を議論する」というふうにもっていくと、腰がすわった研究をしている印象を与える。

アメリカでは何かと競争が激しいので、ギャンブルをするにしても、上手にしないと命とりになる。私はスティーブの"Where's your escape hatch?"という言葉を今でもとても大切にしている。

第二の指導教官——異なる分野への挑戦

「第二の」といっても、スティーブから新しい教官に乗り換えたわけではない。どちらかというと、「副指導教官」といったほうがよいかもしれない。でも、ＰｈＤの五年間を通してずっと指導教官だったのは彼しかいないので、かぎりなく「主指導教官」に近い「副」といったところだろうか。

私が所属していたMIT-WHOI Joint Programは、その中でいくつか専攻が分かれていて、専攻によってカリキュラムがまったく異なる。私が入った海洋地質・地球物理学専攻では、初めの二年で論文を二本書いて適性試験を受ける、という仕組みになっていた。また、ただ単に二本書くのではなく、一本は自分の専門分野で、もう一本はべつの分野で書く、という決まりもあった。

専門分野のほうの論文はスティーブと進めていたプロジェクトで書けばよいので悩むことはなかったが、もう一本の論文はいろいろな選択肢があるのでけっこう目移りしてしまう。「さて、もう一本はどんなテーマにしようか」と、ある日スティーブに相談した。「これとか、あれとか、いろいろあるよね」と話していたら、スティーブがふと思い出したように、

「あ、そうそう、僕の友人でピーター・ケレメンという地球化学者がいて、たまたまこのあい

だ、『地球物理の学生でも地球化学のプロジェクトができるだろうか?』という話をしたところなんだけど、彼は『できるよ』とか言ってたよー」

と言うのだった。

「地球物理学」(geophysics)と「地球化学」(geochemistry)。専門でない人には似かよったもののように聞こえるかもしれないが、これがけっこうちがう。スティーブや私は「地球物理学」の研究者で、ピーターは「地球化学」なので、それぞれべつの世界に住んでいるかのようにちがう。どちらも地球のことを研究していることに変わりはないのだが、用いる手法が相当ちがうし、そもそも思考パターンに相容れないものがあるような気もする。この断絶はあまり好ましくない専門の分化かもしれないが、科学はある程度成熟すると、どうしても細分化される傾向にある。一つの分野だけでも学ばないといけないことが多すぎて、ほかの分野にまで手がまわらなくなるのだ。

そんなわけで、地球化学を専門とする教授が「地球物理の学生でもできるプロジェクトがある」と言うのは、けっこう新鮮だった。なにしろ、私は当時、地球化学のことなんてほとんど知らなかったから、「へえ、おもしろそうだなー、できるものならやってみたいなー」と思ったわけだ。

これがたしか、一九九五年の初め(PhDコース一年目後半)だったと記憶している。ピータ

ピーター・ケレメン
2004年にピーターはWHOIからコロンビア大学に移った。彼のお気に入りのフィールドはオマーンにある世界最大のオフィオライト（海洋性地殻が何かのはずみで陸上に乗りあげたもの）で、この写真もオマーンで撮られたものである。

ーは今やこの分野では知らない人はいないくらい有名になってしまったが、当時はまだそこまで有名ではなかった。ましてや私は地球化学についてはまったくのド素人で、WHOIに来るまで彼の名前を聞いたことすらなかった。でも何回かセミナーなどで見かけたことはあって、よくわからないけれどなんだかおもしろいことをやっていそうな印象はあった。

というわけで、私はピーターのオフィスを訪ねた。

「えーっと、スティーブから、地球物理の学生でもできるプロジェクトがこちらにあるって聞いたんですけど……」

と尋ねると、彼はニヤリと笑って、

"Oh, I have a good one for you!"（君におあ

つらえ向きのやつがあるよ！）

と言ったのだった。これが「トンデモ指導教官・ピーター」との最初の出会いである。

ここで、ピーターが取り組んでいた研究の内容を簡単に紹介しよう。地球内部は地殻、マントル、核の三つの層に分かれていて、地殻はさらに海洋性と大陸性の二種類に分けられる。ピーターはその当時、海洋性地殻がどうやって形成されるかを説明する新しい仮説を立てたばかりで、私にくれたプロジェクトもその仮説に関係するものだった。

さて、そのプロジェクトの話をよく聞いてみると、地球化学のプロジェクトといえないこともないが、どちらかというと「物理的なモデル構築」のプロジェクトだった。でも、そのときの私はまだ何事においても経験不足だったので、そのプロジェクトが十分おもしろそうに思えた。

日本で修士号をとっていたとはいっても、まだまだ私は青二才もいいところ。そのため、このプロジェクトをやりはじめたころは、いまいち全貌がつかめていなかった。しかし、やっていくうちにだんだんと見えてきて、そのうち一つの重大な疑問が湧いてきたのだ。というのも、私には「このモデルがいったい何の役に立つのか？」がさっぱりわからなかったのだ。

ピーターは「こんな感じのモデルがあるといいんだけど」と言うのだが、しかしそのモデルというのがやたらと多くの変数をふくんでいて、つまり適当に変数をいじれば、どんな結果でも出せてしまう〝ご都合主義的〟なモデルだったのだ。私は、観測で制約できないようなモデルをつくっても、一つの可能性として提示するにはおもしろいかもしれないが、仮説の検証のような大切な研究にはまったく使えないと思っていた。なので、どうでもいいモデルをつくることに、私は強い抵抗を感じはじめた。

しかしその一方で、「教授が何の役にも立たないモデルを学生に考えさせるわけがない。きっとピーターはもっと深く考えていて、きちんと考えたら答えが見つかるはずだ」と信じていた。つまり、「何の役に立つのかわからない」のは自分の考えがまだまだ浅いせいなのだ、と思い込んでいたのだ。

このプロジェクトをはじめたのは一年目の後半で、つまりまだ授業をいくつもとらないといけない時期だったので、毎晩遅くまで宿題をやっていた。授業自体はたいしてむずかしくないのだが、宿題の量が多く、全部きちんとこなすにはそれなりに時間がかかる。週末もずっと宿題をやることになり、日曜の夕方までにすべて終わると「お、今週は早く終わったなあ」と感じるような具合だった。

しかし、プロジェクトに対する疑問が日に日に大きくなってきたので、宿題を終わらせてから、夜中の四時とか五時まで論文を読んだり計算をやってみたり、いろいろ考え続けたりする日が続くようになり、これはかなりつらかった。フラフラになりながらもプロジェクトに取り組み続け、そしてある日、とうとう限界に達したのである。「これ以上やっても、自分では解決できない」ところまできたのだ。どう考えても、意味のあるモデルを構築することはできなかった。

「ピーターに相談しに行こう。きっと何かいいアドバイスをくれるはずだ」

と思っていたら、廊下で偶然出くわしたので、これはいいチャンスだと思って、彼に事情を説明した。「ここ数週間本当にいろいろ考えたんですけど、意味のあるモデルはつくれなかったんです」と伝えると、彼はひと言、

"Oh, that's too bad."（あっそう、それは残念だね）

とだけ言って、すたすた行ってしまった。

親切な指導教官ばかりじゃない

え？　そ、それだけ？　今までほとんど寝ずに頑張ってきたんだけど……"That's too bad."だけって、あんまりじゃない？

その後、彼に問いただして、どういうつもりで私にこのプロジェクトをやらせていたのかをようやく理解した。じつは（当時の）ピーターは、専門分野に関する研究なら自分でやるのがいち

ばん早いから、わざわざ学生なんかにやらせるのは時間の無駄、それよりも自分がまったくできないことを学生にやってもらおう、という考えの持ち主だった。通常の「学生を育てる」という意識をほとんど持ち合わせておらず、初めから学生を「共同研究者」扱いする人だったのだ。

そして、ピーターが私に与えてくれたプロジェクトは、それ単体で論文になるような代物ではなかった。彼は、自分がメインで書くつもりの論文に「なんかそれらしいモデル計算の図」がほしいだけだったのである。

私はこのとき初めて、「これはまずい」と気づいた。世の中、スティーブのような親切な指導教官ばっかりじゃないんだ。自分は甘かった。これからは自分で本当によく考えて行動しないと、かなりまずいことになる……。東大の修士課程ではほとんど自分一人で研究していたので、われながらわりと自立していると思っていたが、スティーブという素晴らしい指導者と出会って少し甘やかされていたようだ。自分の頭で計画を立てて、自分の足で歩いていかないといけない。研究の主導権は自分が握らないと駄目だ、と痛感した。

この日を境に、私は「かなり」自立した学生に変化したと思う。

そしていろいろ考えた結果、ピーターに「ちゃんと」地球化学を教えてもらおう、と決めた。その当時は、まだ地球化学をほんの少しかじっただけというレベルだったが、とても奥が深い学問で、しかも地球物理の役にも立ちそうに思えたのだ。「でもなんでまたピーターなの？　懲(こ)りないねえ」と思う人もいるかもしれないが、ピーターはそれだけの魅力がある研究者だった。いつも視点が斬新で、鉄人のようにエネルギッシュで、ほかの研究者と比べると桁ちがいに輝いていたのだ。

というわけで、私は意を決して再びピーターのオフィスを訪ねた。

「例のモデリングのプロジェクトですが、あれはこれ以上続けてもまったく意味がないから、ほかの研究をやらせてください。何か地球化学のプロジェクトはありませんか？ 僕は教科書とか読んでもいまいちピンとこないタイプで、実際に手を動かして学びたいんです。ピーターは地球化学の専門家でしょ？ わけのわからないモデリングなんか押しつけないで、自分がいちばんよく知っている地球化学を僕に教えてください。僕はこの専門外のプロジェクトという機会を活かして、地球化学を本当に理解したいと思っているんです」

とまくしたてると、ピーターは少し驚いたようでしばらく無言だったが、観念したように岩石試料が入っている箱を取り出してきた。「じゃあ、とりあえずこれでも解析してみようか？」

それから一年くらい、私は「純粋に地球化学的な」研究に取り組んだ。薄片をつくるために石を切ったり、顕微鏡をのぞいたり、電子線マイクロアナライザや、イオンプローブといった測定機器を使ったり、端から見たら地球化学の学生とまるで見分けがつかなかったと思う。私が取り組んだのは、ピーターが提唱した海洋性地殻についての仮説を検証する研究だったが、もう彼の

言うことはまったく信用しないことに決めていた。そこで、ありとあらゆることをチェックして、ほかの研究者とも議論したりして、とにかく自分の頭で納得できるまで調べまくった。おかげでとてもいい勉強になった。

ピーターはスティーブとはちがう意味で「いい指導教官」だったと思う。かなりの荒療治だったが、研究者にとって非常に大切な「自立心」は彼から教わった。「指導教官」に何を期待するかは学生の自由だが、「この世にはじつにいろいろなタイプの指導教官が存在する」ということは、あらかじめ知っておいたほうがいいだろう。

なぜ指導教官を変えることになったか

三人目の指導教官について書く前に、指導教官を変えた理由を説明しておこう。このあたりの事情は「いちばん苦しかったとき」の項で少し触れているが、この内容だけを読むと、私が勝手に指導教官を変えたような印象を受けるかもしれない。実際はそうではなかった。

これは、私がまだ大学院二年のときだった。スティーブから「大事な話がある」と呼ばれて彼のオフィスに行くと、「じつは最近ワイオミング大学からオファーがあって、行くかどうか悩んでいたんだけど、行くことにした」と告げられた。「ワ、ワイオミング？　なんでまた？」と尋ねると、「two-body problem（二体問題）」のせいであることが判明した。

二体問題……力学に登場する「二体問題」のことではない。これは分野にかかわらず、研究者によくある問題だ。夫婦ともに研究者の場合、二人が同じ大学や研究所で職を得るのがベストなのだが、なかなかうまくいかないケースが多い。アカデミックポジションは一つでも手に入れるのがむずかしく、二つとなると至難の業だ。

それでも、スティーブの奥さんが「理系の研究者」だったならば、たいした問題にはならなかっただろう。ウッズホールにはWHOIのほかにも、MBL（海洋生物学研究所）、USGS（地質調査所）、NOAA（海洋大気庁）という三つの大きな研究所があって、かなりの数の研究職があるからだ。しかし、彼女はよりにもよって「ビクトリア朝時代の英文学のフェミニズム的解釈」というマニアックな（？）分野の専門家で、これらの研究所群とはまったく無縁の人だった。

そんなわけで、彼らはつねに二人で一緒に働ける総合大学のポストの公募を探していた。そんな折、ワイオミング大学がかなりいい条件を提示してくれたとのことであった。それに、ワイオミング大学の地球科学科は、比較的優秀な学生が集まる学科らしい。

でも、スティーブからは「ジュンには決してプラスになるところではないし、君はもう十分独立していて自分でいろいろできるから、ここに残ったほうがいいよ。ボブ・ディトリックに、『ジュンのことよろしく』と頼んでおいたから」と言われた。私も「ついてこい」と言われたとしても首を縦に振ることはなかったと思うが、PhDコース半ばで指導教官に去られるのはけっ

こうショックだった。といっても、この話のあと一年間は、スティーブはＷＨＯＩにいたのだが、一年後に彼がいなくなってしまう……というのはとても寂しいものがあった。

前述のように、私はもともとボブ・ディトリックの学生になりたくてＷＨＯＩに来たわけだから、「よかったじゃん」と思う人もいるかもしれない。しかし、彼らの近くで過ごしてみると、スティーブとボブはかなりスタイルがちがう研究者であることがよくわかり、そのころには、私はボブの学生になることにあまり気乗りしなくなっていた。でも、まあ仕方ないかな、ボブはすごくいい人だし、なんとかなるだろう、と思っていた。

第三の指導教官――きっかけは先輩のありえない提案

さて、ちょうどそのころ、私はＭＩＴで地震学の講義をとっていた。トム・ジョーダンという非常に有名な地震学者が教えている講義だった。トムの学生で、その講義のＴＡを務めていたラフィ・キャッツマンは、ふだんから私のことをよく気にかけてくれていた。というのも、このラフィはもともとスティーブの学生だったからだ。また、ラフィはイスラエルから来た留学生で、同じ留学生どうしという意味でも私に親しみを感じていたのかもしれない。

ある日の授業のあと、彼から「最近どう？」と聞かれ、「うーん、ちょっとね……。スティーブがいなくなっちゃうから、残念だなあ」と言うと、彼も大変驚いたみたいで、「えっ、それで

どうするつもりなの?」と聞くので、「まあボブの学生になるのかなー、仕方ないよね」と答えた。すると、ラフィは

「トムの学生になりなよ!」

などと言うのだった。

はあ? 何をわけのわからないことを……。トムも私も「地震学」を専門としていることにはちがいはないのだが、地震学の中でもいくつか分野が分かれていて、トムがやっている研究と私がやっている研究はまったく重ならない。「どう考えたら、彼が私の指導教官になるんだ?」と尋ねると、ラフィは

「大丈夫、大丈夫、トムはめっちゃ賢いから。最高やで」

と言う。彼のこの自信はいったいどこから出てくるのか……。

しかし、彼の妙な自信に圧倒されてしまって、この一見まったく筋が通らない選択肢をとりあえず検討してみることにした。トムは畑ちがいの私からみてもずば抜けて優秀なことがわかる人で、実際その当時のMITの地球惑星科学科でいちばんの研究者だったはずだ。トムはカルテク

トム・ジョーダン
トムはプリンストン、UCSDを経て、1984年からMITの教授だったのだが、2000年に南カリフォルニア大学に移り、2002年から17年間、南カリフォルニア地震センターの所長を務めた。

の大学院でたった二年でPhDをとり、そのあとすぐにプリンストンの助教授になって、三〇代半ばでMITの学科長になったという輝かしい経歴の持ち主である。「トムの学生になったら、いろいろな意味で刺激になるかもしれない……」と心を動かされはしたものの、なにしろ研究分野がまったくちがうので、あまり現実味のあるプランには思えなかった。そして、話をよく聞いてみると、ラフィの提案はずいぶんと大胆なものだった。つまり、彼は今まで私がスティーブと進めてきた研究をやめて、トムと新しいテーマにチャレンジしてみたらどうか、と提案していたのだ。

実際、ラフィはそういうふうにかなり強引に指導教官を変えた人だ。初めの二年はスティーブの学生だったのだけれど、トムのやっている研究に強く興味を惹かれたみたいで、スパッと指導教官を変えたらしい。そういうことができるくらい、ラフィは豪快なキャラクターだった。

しかし、スティーブがいなくなると言っても、私は彼からすでに今後三年分のプロジェクトをもらっていて、それをぜひやり遂げたいと思っていた。ラフィのように研究テーマを変更したいわけではなかった。なので、スティーブとのプロジェクトをつづけつつ、トムともなんらかの研究をするということができるといいんだけど……と、都合のいいことを考えていた。「まあ、とにかくトムに相談してみたら？」とラフィに言われて、授業のあとでトムのオフィスを訪ねることにした。

いやー、しかし、このときほど緊張したことはない。授業でしか面識がない超有名な教授のところに行って、いきなり「カクカクシカジカな理由で僕の指導教官になってもらえませんか？」と言うには、かなり勇気がいった。トムは非常にナイスガイなのだが、私の頼みを聞いた瞬間は、さすがに少し顔が引きつっていたような気がする。それもそうだろう。私がもしその立場だったら、「君、誰？」って感じだ。で、その日は「ま、まあ、君の成績とかそういうことも調べてみてから、こっちも考えてみるから」と言われて、会談は終わった。

「まあ、そうだよなー、いきなり無茶だよなー」と思ってすごすご帰ろうとしたら、ラフィがやってきて「どうだった？　うまくいった？」と満面に笑みを浮かべて聞くものだから、「いや、なんか反応がかなり鈍かったような……。たぶん駄目だと思う」と答えると、「僕のほうで話をつけておくから。まかしといて」と言って、彼はトムのオフィスに入っていった。「いや、

そんなに強引にやらなくても……」という私の声は彼の耳には入らなかったようだった。

次の日くらいに、トムから“Welcome to my group!”というメールが届いたように記憶している。うーん、ラフィはいったいどうやって説得したのだろうか……。

新たな研究テーマ

さて、トムの学生になったのはいいのだが、「スティーブとのプロジェクトもやりつつ、トムともなにか研究をする」という、うまい妥協案を考えないといけなかった。いろいろ考えた結果、スティーブのプロジェクトに関係する地球ダイナミクスの理論的な研究をすることになった。トムは地球ダイナミクスの専門家ではないが、昔から興味はあったみたいで、いろいろとアイデアをもっていた。そして私も、それまで地球ダイナミクスはまったくやったことはなかったけれど、いつかはチャレンジしたいと思っていた。二人の思惑が一致したわけである。

しかし、私自身も指導教官も、興味はあるけれど、自分で実際に研究したことはないテーマなので、ほとんど独学で研究をしなくてはいけなくて、けっこう大変だった。このあたりの苦労は「いちばん苦しかったとき」の項に書いたとおりだ。大変だったのは、私は「自分独自の仮説」というものをつくりたかったので、自分だけで抱え込んでしまうことが多かったせいもあるだろう。「他人の仮説の検証」という仕事は、ピーターとの研究でいやというほどやったので、もうやりたくなかった。研究の主導権を握るには、そして本当の意味でクリエイティブになるには、自分の仮説をもつことが欠かせない。

トムの学生になって初めのうちは何の成果も出せず、精神的につらい日々がつづいた。ところが、ある夏の暑い日、トムと話していたときのことだ。それまでバラバラに理解していたことが突然一つにつながった。それからの研究は順調に進み、これまでの下積みが花開いた、という感じで非常に爽快な気分だったのを覚えている。

以上のように、かなり無茶な指導教官の変え方だったが、トムと知り合うことができて本当によかったと思う。アメリカには、ごくたまにだが「桁外れに優秀」な人がいる。そういう人とは、三〇分話すだけで視界が急に開けて、新しいアイデアが次から次へと湧き上がってくるから不思議だ。私がこれまで会った人の中には、このレベルの人は三人いて、トムが最初の一人だった。そういう人に指導教官になってもらえて、本当に幸運だった。

そして、そもそものことのはじまりは、ラフィが「トムの学生になりなよ!」と言ってくれたことで、それがなかったら私は絶対にトムの学生にはならなかったのだ。ＰｈＤコースの五年間にはさまざまなことが起こりうるが、こういうほんのちょっとした出来事で人生ががらりと変わってくるので、不思議なものである。

あのとき、私の背中を押してくれた彼はいったい何を考えていたのだろう……。ラフィはもうこの世にはいないので、今となっては尋ねることもできない。私の友人の中ではいちばん死にそ

うにないタフな奴だったのに、ポスドクをすることになったカルテクへ向かうために車で大陸を横断中、トラックに追突され、一緒に乗っていた奥さんと二人で天国へ行ってしまった。私のオフィスには彼ら二人の写真が飾ってあって、いつも見守ってもらっている。

実録・私はいかにして留学を決意したか③

アメリカの大学院生との出会い

私は修士一年の前半ですでに日本の研究船での航海には二回参加していたので、海の上での生活には多少は慣れていた。しかし、今回は初めてのアメリカ船だったので、それ以後の航海と比べてもやはりいちばん記憶に残っている。しかも、肝心の観測機器が間に合わず、いったい何をしにきたかわからない手ぶらの日本人学生として乗り込んだので、カルチャーショックに精神的打撃が追い打ちをかけていた。たしか四〇日くらいの航海だったと思うが、いろいろあったなぁ。

この航海は、カリフォルニア大学サンタバーバラ校（UCSB）の教授が主席研究員を務め、大学院生がUCSBから五人、ブラウン大学から一人参加していた。とくにUCSBの学生はみな陽気で親切で、彼らと話していると、沈んでいた私の気持ちも少しずつ上向いてきた。アメリカの大学院生とまともに話をしたのはこのときが初めてだったので、アメリカ人ってみんなこんな感じなのかとその当時は思ったが、今思うと彼らはとくに親切なアメリカ人だった。

ただ、航海がはじまってからしばらくは、英語への順応にやや苦労した。彼らと一対一で話すぶんには問題はないのだが、彼らどうしが話すのを聞いていると、内容がわか

COLUMN

らなくなってしまう。ときどき「ぶわっはっは！」と笑っているので、たぶん冗談を言い合っているんだろう、などと想像するしかできなかった。私は高校のときに某英語リスニング教材をわりとまじめにやって、アメリカの映画を字幕なしで理解できたりもしたのだが、彼らの会話はさっぱりわからない。これはけっこうショックだった。でも一ヵ月以上アメリカ船に乗っていると、耳がだんだんなじんできて、航海が終わるころにはかなり聞き取れるようになった。こういうのって、ホント「慣れ」のひと言に尽きる。

これから留学を考えているみなさんには、アメリカの大学院に合格したら、新学期がはじまるのに合わせて九月に渡米するのではなく、夏のあいだから現地で暮らすことをおススメする。そうしたほうが留学生活をうまくスタートできるだろう。

観測機器が届かなかったせいで、私は彼らと話をするしかやることがなかったので、そのぶん英語の勉強にはなった。それに、同じ船の上で一ヵ月以上も寝食を共にすると、かなり親しくなれる。彼らがこれまでどういう研究をしてきたか、今何の研究をしているか、アメリカの大学院生活とはどういうものか、ありとあらゆることを聞いた。

そうしているうちに、彼らがいかによく勉強しているかがだんだんとわかってきた。なんたって、何を聞いても答えが返ってくるのである。読んでいる論文の数も半端ではなく、これまで誰がどういう研究をやってきてどういう成果を出しているか、何がまだ

COLUMN

わかっていないか、何がわかるとおもしろいかなど、じつにきちんと説明してくれた。

もちろん、アメリカの大学院生がみんなそれだけ優秀というわけではない。私はたまたま、初めて参加したアメリカの研究航海でトップレベルの学生と触れ合う幸運に恵まれたのだ。UCSBの大学院自体はさほどレベルが高いわけではないが、主席研究員の教授は当時非常に精力的に研究をおこなっていて、各地から力のある学生が集まっていたのだ。

それに比べて、日本での私の環境はとてもお粗末なものに思えた。たとえば、毎週おこなわれる論文紹介セミナーでは、英語の論文を読んではいたが、そもそも英語の読解でつまずくことが多く、科学的に突っ込んだ議論ができるレベルには程遠かった。

アメリカにはこういう大学院生がいるのかあ。日本のそこらの大学教授よりはるかにすごいじゃん。いったいどういうふうに頑張れば彼らのようになれるのだろうか。こういう人たちと毎日議論できたら楽しいだろうなあ……。

それまでは「アメリカの大学院に挑戦する」といっても、単に「留学」という漠然としたイメージに憧れていただけだった。しかし、この航海でアメリカのトップレベルの大学院生と実際に交流することによって、なにはともあれアメリカに行かなくては、という思いを強くした。日本に残っていたら、この先成長できないことだけは明らかだった。

(コラム④につづく)

第4章

英語勉強法編

究極の英語勉強法

「究極の英語勉強法」と銘打ってみたが、巷(ちまた)にはこの手の本がいろいろと出回っている。私も昔はいろいろ買ったものだ。私は「勉強法を勉強するのが好き」なタイプだったので、新しい本を読んだ直後は「おお！　この方法はいけそうだ！」とやる気が出るのだが、すぐ飽きてしまってつづけることができず、「なんかもっといい本はないかな……」と再び本屋をうろちょろする、ということばかりやっていた。今振り返ってみると、そういう本で読んだいろいろなテクニックはたぶんどこかで役に立っているとは思うのだが、「この勉強法がいちばん！」と人に勧めるようなものはない。

どの方法がいちばん効果的かは、本当に人それぞれだ。私は私なりの勉強法でやってきたが、これがほかの人にも同じような効果をもたらすとはかぎらないので、あまり断定的なことは言えない。

でも、一つだけ、これは誰にでも役に立つだろうと思う方法がある。

私の父は中国文学者で、中国語が非常に堪能である。昔、その父と語学について話したときに、

「語学なんて、どれも毎日やればいいだけの話だから」

と言っていたのがとても印象的だった。

そう、毎日やればいいのだ。といっても、一五分程度のラジオ講座を毎日聞いても仕方なくて、一日にこなす量をもっと増やさないといけない。どんな勉強法でも、ある程度の量を毎日つづけなければ効果は上がらない。たとえば、私が勤める大学の語学の授業は、（言語によらず）月曜から金曜まで毎朝一時間あり、宿題も多くて学生は大変らしいが、理にかなっている。このくらいの頻度で大量にこなさないと、身につかないのだ。

したがって、究極の勉強法というのは「自分が毎日つづけることができる」方法のことである。当たり前のように聞こえるが、毎日英語の勉強をするというのはけっこう大変だ。どの勉強法ならつづけられるかというのは、人それぞれだから、自分に合ったやり方を頑張って見つけよう。

……と言っておしまいにするのも、少し無責任かもしれないので、この「英語勉強法編」では、「留学に役立つ英語」という観点から、私なりに考えてきたことを書いてみたい。英語があまり得意ではないけれど、なんとかそれを克服して留学したい、という夢をもっている人に向けて私の経験を書いてみたら、参考になる部分があるかもしれない。

英語がどのくらいできれば、留学しても困らないんだろう？

どういう能力がとくに求められるんだろう？
その能力を身につけるためには、どういう勉強法があるんだろう？

そういった疑問に少しでも答えられたら幸いである。

また、やり方を間違えるとほとんど役に立たない勉強法もあるので、そういうことも書いておく。同じ轍（てつ）を踏む人の数が減るかもしれない。たとえば、某英語リスニング教材で、一年間で一〇〇〇時間（平均すると一日約三時間）ぶんの英語を聞くというものがある。しかし、一日三時間ただ漫然と英語を「聞き流している」だけでは、たとえ一年間欠かさずつづけて一〇〇〇時間聞いたところで、リスニングが得意になることはないだろう。しかし、一日三〇分でも書き取りをすれば、一日一時間聞くだけでもかなりの成果が出るはずだ。このことについては、「リスニング勉強法」の項で説明しよう。

写経トレーニング

英語に強い苦手意識をもっている人は、そもそも留学しようとすら思わないかもしれない。しかし、留学とまではいかなくても、なんとかして英語への苦手意識をなくしたい、と思っている人は多いのではないだろうか。そういう人に勧めたいのが「写経トレーニング」だ。これは実際、私の英語に対する認識に決定的な変化をもたらした。かなり気合いの入った勉強法だが、英語に対して長年コンプレックスを抱いてきた人には、このくらいインパクトのある方法のほうがよいだろう。やり方は超簡単である。

写経トレーニングのやり方：

①まず薄めのペーパーバックを一冊買う。原書でも子供向けのものだと、わりと簡単である。個人的には『あしながおじさん』がおススメ。ファンタジーが好きなら、『ナルニア国物語』からどれか一冊選ぶのもよい。
②ノートを数冊買う。
③ペーパーバックの中身を片っ端からノートに書き写していく。最初から最後までひたすら書き写しつづける。慣れると筆記体のほうが早く書けるようになるはず。

これだけである。簡単そうにみえるが、かなり時間を食うし、とても疲れる。とにかく、自由になる時間はすべてこの「写経」作業に使うつもりでやろう。一冊まるまる写し終えるのに二週間くらいは平気でかかる。

しかし、英語に対して苦手意識があるのなら、このスパルタ方式はそれを取り除いてくれるはずだ。なぜかというと、物理的にただ書き写していくだけなので、「英語の構文」とか「知らな

い単語」とかにこだわらずに、ガンガン進められるからである(あまり深く考えずに、単純作業として書き写すほうがよい)。そして、英語の文章をそのまま前から後ろへと書き写していくので、自分でも気づかないうちに「英語を英語のままで理解」できるようになるはずだ。英語と日本語では主語や述語などの位置関係が全然ちがう。したがって、英語の文章を頭の中でいちいち日本語に訳して理解するのと、英語を英語のままで理解するのとでは、理解の深さやスピードがまったくちがってくる。これができるようになると、リスニングその他のトレーニングにも応用が利く。

そしてこのがむしゃらに書き写していく作業では、「知らない単語をいちいち調べる」暇なんてないが、「何回も出てくる単語」に自然と気づくようになる。また、単語の使われ方からその意味も類推できるようになるはずだ（この類推は、日本語の本を読む際には誰でもふつうにやっていることである）。一〇回以上出てきて、どうしても意味がわからず気になって仕方がない単語があるときは、辞書を引けばよい。

じつは、私は中学二年生のときにこのトレーニングを実践した。それまで私は、英語はあまり得意ではなかった。英語にはとても興味があって、ラジオ講座も毎朝のように聞いていたのだが、「なんかいまいちわからんなぁ、こんなのを聞いているだけでいつか英語が使えるようになるのだろうか？」と疑問に思っていた。ラジオ講座が悪いと言っているわけではないが、ほんのちょっとの分量の英語を細かく解説されても「使える英語」の習得にはほど遠い。そもそも日本の学校の英語教育はまず圧倒的に「量」が不足しているので、なんとか自分で補わないといけない。英語環境に身を浸す第一歩として、この写経トレーニングはかなり有効だ。

私は何かのはずみでこれをやりはじめたのだが、おもしろくなってどんどん書き写していったら、途中から「あと戻りせずに、そのままの順序で英語の文章を理解できている自分」に気づいて、ものすごくうれしかった思い出がある。また、辞書を引かなくてもたいていの単語の意味を類推できるようにもなった（もちろんこれは、自分がもともと概要を知っている物語を書き写していたせいもあるが）。

中学時代以降、こんな大変なことはやっていないが、このときに得た「英語を英語のままで理解する」という能力は一生ものである。英語に対する苦手意識など、完璧に取り去ることができるのではないだろうか。この写経トレーニングは、ひたすらやっているとランナーズハイのようなものを体感できる（だからつづけられるのかもしれない）。トリップするまで書きつづけよう。

リーディング勉強法——身の丈に合った本を読みまくる

英語の勉強といっても、リーディング、リスニング、スピーキング、ライティングと四つの能力があるので、どの力を鍛えたいかによって、やるべきことがまったくちがってくる。おそらくいちばん簡単に鍛えられるのはリーディングで、その次がリスニングだが、ライティングとスピーキングは自分一人で鍛えるのはむずかしいだろう。本書はアメリカ大学院留学を目指す人を対象にしているので、渡米までに身につけておきたいことと、留学してから鍛えられることの二つに分けて話を進める。たとえば、ライティングは留学してからいやというほど鍛えられるはずだが、上達を加速するためのコツのようなものがあるのだ。

さて、リーディングの勉強法としては前項で紹介した写経トレーニングもあるが、これは一回やるだけで十分で、あとはもう量をこなすしかない。というか、リスニングでもなんでも量をこなすのがいちばんの早道なのだが、リーディングのトレーニングは「本を読むだけ」なので気軽にできるという利点がある。だからアドバイスすることもあまりないが、私の経験上「やらないほうがいいこと」を書いておこう。

それは、「格調高い文学作品の原書なんて読めたらカッコいいかも、と思って挑戦すること」である。いや、あなたの英語力がそういう作品をすらすらと読めるレベルだったらべつに問題はないのだが、「挑戦」しなくてはいけないくらいのクラスのものだと、最後まで読むのが非常にむずかしいからだ。実際、私の場合、そういう本に挑戦してみては最初の五ページくらいで挫折するのがオチだった。単語を調べながら本を読むというのは、心が折れるほどに時間がかかる。気軽に取り組めない勉強法は、まずつづけられない。毎日楽しくできることでないと長つづきしないのだ。

いちばんいいのは「自分の語彙力にふさわしい本」を何冊も読みこなして、少しずつ語彙を増やしていくことである。知らない単語がときどき出てくるけれど、辞書を一度も引かずに最後まで読んでしまえるくらいの本が「今の自分にふさわしい本」だ（全部読み終わったあとにどうしても気になる単語があったら、そのときに辞書を引こう）。なにしろ、ここでいちばん大切なのは「どういう本を読んだか」ではなく、「どのくらい読んだか」なのだ。格調高い文学の名作を二ヵ月かけて一冊読みこなすよりも、そのあいだに大衆小説を五冊読むほうが確実にリーディングの力は高まる。

そうしているうちに、少しずつ語彙が増えてくる。文脈とともに学んだ単語は「使える語彙」である。そして「もう少し中身のある本が読みたいな」と自然に思えるようになったら、読む本のレベルを少しずつ上げていけばよい。前述したように、「毎日」「ある程度の量」をこなしつづけることが、いちばん単純で、かついちばん効率のよい勉強法である。比較的楽に読めるもの（大衆小説や子供向けの本）からはじめて、基礎体力をつけていこう。

リスニング勉強法――集中して聞いて慣れるしかない！

リスニングの力をつけるには、もう「慣れ」しかない。やはり量をこなすことが大切だ。しかし、ＢＧＭのように英語の音声をただ流しておくだけでは、ほとんど効果はない。意識して「何を言っているんだろう」と考えながら聞く必要がある。

私は高校生のときに某英語リスニング教材を使って、一年で一〇〇〇時間のリスニングをこなしたのだが、初めのうちは単にだらだらと聞いているだけだったので、たいして効果は上がらなかった。ＢＧＭとして洋楽を流しているだけで英語を聞き取れるようになるわけがないのと同じである。一日三時間、といっきに時間を稼ごうとするよりも、一日三〇分でもいいから集中して聞くほうが効果的だ。

私がリスニング時間を稼ぐ方法の一つとしてよくやっていたのが、洋画を見に行くことだった。同じ映画を三回続けて見たら五～六時間にはなるので、週末にガバッと時間を稼ぐことができるわけだ（昔の映画館は、最近主流の「座席指定・入替制」のシステムではなかったので、やろうと思えば一日中居座ることができた）。三回目にはお尻が痛くなってきて限界に近づくが、

私は映画を見るのは大好きだったので、根性で見ていた。

一回目は字幕を見ながら内容を理解して、二回目以降は字幕を見ないようにする、というやり方を実践していたのだが、じつはこれもあまり効果がなかった。というのも、字幕を読まないようにしているつもりでも、視界の中には字幕が入っていて「じつは無意識のうちに読んでしまっていた」からだ。字幕が視界の中に入らないように見るのはかなりむずかしいので、本当に英語を聞き取って見ていることにはなかなかならない（「え、ほんと？」と疑われる方は、試しに目をつぶってやってみよう。理解力が急に落ちるようだと、無意識に字幕を読んでいる証拠である）。

したがって、リスニングの勉強として映画を見るにしても、字幕つきではダメだ。ＤＶＤなどで「音声：英語、字幕：なし」と設定して見たほうが、いい訓練になる（私が高校生だったころにはもちろんＤＶＤなどはなかったので、テレビの洋画劇場を副音声にして見たりしていた）。

というわけで、手当たり次第に何でもいいから英語を聞こう。インターネットを使えばいろいろな音源や映像がじつに簡単に手に入る、便利な時代になった。気に入ったものを、わかるようになるまで何回も繰り返し聞くと、着実にリスニングの基礎体力がついてくるはずだ。とくにTED Talksのサイトはおススメである。原稿と字幕が完全装備されていて、動画と原稿が連動するようになっており（原稿の一部をクリックすると、動画も対応する場面にジャンプする）、英語学習者には大変便利なつくりになっている。

五年もアメリカにいれば、英語がペラペラに……？

さて、いよいよスピーキングについてである。といっても、リスニングについての話が終わったわけではない。リスニングとスピーキングは密接に関係している能力なので、どちらか片方についてだけ先に全部説明してしまう、というのがむずかしい。リーディング、リスニング、スピーキング、ライティングはすべて絡み合っているので、どれか一つだけを鍛えようとするよりも、すべてをまんべんなく徐々に鍛えていくほうが自然である。

「アメリカ大学院に進学したら五年間もアメリカで生活することになるんだから、ＰｈＤをとるころには英語がペラペラになってるはず」なんて思っている人はいないだろうか？　しかし、よほど心がけて努力しないと、何年アメリカにいたところで、英語がペラペラとしゃべれるようにはならない。小学生のころに五年間過ごせば自然とネイティブ・スピーカー並みになるかもしれないが、大学院生になってからだと、そのようなことはまず起こらない。文系留学の場合、ディベートの時間など、否応なしに話さないといけない機会が多いので、上達の可能性はいくらか高いかもしれない。一方、理系の場合は、人前で長く話す機会は研究発表くらいで、そんなに頻繁にあるわけではない。

また、数年たてば「自分はわりと話せるようになった」と思えるレベルには到達するかもしれないが、「本当にきちんと英語が話せているか」どうかはまたべつの問題である。というのも、

大学院生はほとんどの時間をキャンパス内で過ごすわけで、日常生活で話をする相手のほとんどが大学院関係者である。つまり、仮にあなたの発音や文法がかなり間違っていても、あなたが言いたいことをくみ取れるくらいの頭脳の持ち主が大半なのだ。それにアメリカでは、相手の発音の間違いを指摘するのはマナーに反する、という暗黙の了解があるので、面と向かって「君、間違ってるよ」と教えてくれる人はあまりいないだろう。

逆に言えば、そんなに英語がペラペラとしゃべれなくても、研究内容さえしっかりしていればＰｈＤはとれてしまうのだ。だから、ＰｈＤをとったあともアメリカの大学や研究所に就職して研究をつづけたいと思っている人は、英語のほうは自分で意識してコツコツ鍛えていかないといけない。

なぜこの点を強調しているかというと、私自身がけっこう苦労したからである。私は大学院にいるあいだ、スピーキングを上達させようという努力をまったく怠っていた。学位をとってポスドクになってようやく、じつはスピーキングがまだまだ全然駄目、という現実に突然気づかされることになったのだ。逆にいえば、学位をとってからでも頑張ればなんとか間に合うということだが、学生のあいだにコツコツやっておけばよかったなあと、今でも思っている。そこで、どういう点に気をつけてスピーキングを鍛えればよいか、少し突っ込んで説明しよう。

スピーキング勉強法――最初は発表練習

スピーキングの力が伸びる速度には、かなり個人差があると思う。これまでの経験から、次の二つの条件を満たしている人は渡米してからの上達が早いだろう。

スピーキングの上達が早い人の特徴：

①社交的である。
②耳がよい。

社交的である、というか人とおしゃべりをするのが好きな人は、話をする機会がおのずと多くなるので、英語で会話をするのに慣れるのが早いだろう。また、楽器を演奏している人とか、カラオケがうまい人はおそらく「耳がよい」タイプだと思うので、英語にも応用が利くのではないだろうか。自分が出している音と出すべき音のちがいをすばやく認識して、修正できるということである。私自身は、非社交的とまではいかなくても、どちらかというと人と話をするのが面倒と思ってしまうタイプで、かつ耳がたいしてよくない。つまり、かなり努力をしないといけない人間だった。

また、社交的で耳がよくても、努力を怠るとたいして上達はしない。ここでは、具体的にどういう努力をすればよいかを考えるが、大学院生なら避けては通れない「セミナー発表」の練習方法を例にとることにする。

リーディング、リスニング、スピーキング、ライティングの四つは、

リーディング ＆ リスニング……受動的
スピーキング ＆ ライティング……能動的（自分で内容をつくらないといけない）

のように分類することができるし、また

リーディング ＆ ライティング……自分のペースでゆっくりできる。
リスニング ＆ スピーキング……ある程度のスピードが要求される。

のように分類することもできるだろう。スピーキングは能動的、つまりより頭を使う活動であり、しかも、それをさっさとやらないといけないので大変である。また、正確な英語の発音ができないと意味がない。だから、スピーキングがうまくなるには、それ相当の練習が必要である。

この点で、まずセミナー発表（トーク）の練習からはじめるというのは、地に足のついた方針だ。トークの内容は時間をかけてゆっくりと考えられるからである。研究者として活躍するため

には、トークが上手にできなくてはいけない。とくにアメリカではその傾向が非常に強い。だから、日本人がトークを成功させるには、「内容がおもしろく」かつ「英語も聞きづらくない」ようにしなくてはいけない。

トークのよし悪しは準備で決まる

そう、まず内容がおもしろくないといけないのだ。とはいえ、べつに漫談をするわけではないので、笑える内容にする必要はない。それでも、事実をだらだらと述べるだけのトークではなくて、起承転結がはっきりしていて、最後まで聴衆の興味を引きつづけられるものに仕上げないといけない。これができるようになるには、もう経験を積むしかない。自分がトークをする回数は限られているので、なるべく他人のトークを聞くようにして経験値を上げよう。いろいろなトークを聞けば、どういうトークがおもしろくて、どういうトークが駄目か、感覚でわかってくるはずである。学科の看板セミナーで招聘される人はそれなりのトークをするはずだが、中には下手な人もいる。いろいろなトークを聞くことによって、観察眼（耳）も養われる。

私がトークに開眼したのは、じつはポスドク研究員になってからである。それまでは、言ってしまえば、論文の内容をスライドに焼き直しただけのトークを披露していた。トークの重要性についてあまり認識していなかったのだ。しかし、ポスドクのあいだにいろいろな大学でジョブト

ーク（就職面接の際におこなうトークのこと）をする機会があり、「なんか、どーもいまいちだなー」と自分のトークの質に少しずつ疑問を抱くようになった。話している内容（研究成果）には自信があるのだが、どうも聴衆が情報をちゃんと吸収してくれていないような気がしていた。トークは単なる「研究発表」であっては駄目だ。聴衆を自分の世界に引き込む努力をしないといけないのである。これは、学会発表の一五分トークでも、セミナーでの一時間トークでも変わらない。

どう話せば、自分がいちばん伝えたいことを聴衆に「最も効果的に」伝えることができるだろうか。このことをつねに考えないといけない。ある意味、エンターテイナーにならないといけないのだ。聴衆の集中力なんてたかが知れている。少しでも専門がちがえば、そもそも真剣に聞こうとしないかもしれない。話す側が聞く側を飽きさせない努力をしないといけないのだ。

私はＵＣバークレーのミラー研究所というところでポスドクを務めたのだが、この研究所は物理、化学、生物、数学、天文、地球惑星科学といった基礎科学分野の研究を幅広くおこなうところだった。毎週火曜日にランチタイムセミナーが開かれ、いろいろな分野のポスドクや教授が交代で自分の研究紹介をすることになっていた。そういう人たちのトークを聞いているうちに、「受けるトーク」と「受けないトーク」の普遍的なちがいのようなものがわかるようになった。

いちばん大切なのは「相手にわかってもらうために、どのくらい努力しているか」である。とくにこのセミナーでは、自分の専門についてくわしく知っている人が聴衆の中にはほとんどいないので、専門的なことばかり話すトークだと、誰もついてこられない。そういう、聞き手を無視したようなトークは、当然評判が悪いわけである。そして、どうやって聴衆を最初から最後まで引きつけておくか、「ツカミ」や「オチ」をちゃんと用意してあるか、などに気を配っている人とそうでない人とでは、インパクトが全然ちがうのだ。素晴らしいトークになるか、まあまあなトークでとどまるかは、このあたりの配慮のあるなしで決まる。

以上の点に気をつけながら、トークのスライドをつくっていくとしよう。だいたい一枚のスライドを使った説明に一分使うイメージで、どちらかというとスライドの数は少なめにつくること。たとえば一二分トークなら一〇枚、四五分セミナーなら四〇枚くらいに収まるようにする。英語が得意でない人ほど、この点に気をつけたほうがよい。枚数が多いと与えられた時間をオーバーしてしまう可能性が高くなり、もしオーバーしてしまうと非常に印象が悪くなるからだ。

そしてそのスライドに合わせて原稿を用意する。原稿なしでトークに挑む人もいるかもしれないが、私はどんなトークでも原稿を用意するようにしている。話を練るためにも、原稿を準備することは大切である。各スライドに使う時間がなるべく均等になるように原稿を用意しよう。一枚のスライドに五分かかって、その次のスライドが三〇秒、というようなデコボコした時間配分はよくない。そうなってしまうということは、そもそもスライドのつくり方がよくないのだ。「一枚のスライドには一つのメッセージだけ」の方針でやろう。また、原稿は話し言葉で書かれていないといけない。論文で使われるような、かしこまった文章はトークには不向きである。長

い文章ではなく、短い単純な文章を連ねるほうが、聞いている側も理解しやすい。

原稿ができたら、ひたすら反復練習である。よほど英語に自信がないかぎり、ぶっつけ本番でうまくいく可能性は低い。練習に練習を重ねることが、上達へのいちばんの近道である。原稿を見なくてもスライドを切り替えた瞬間にセリフが出てくるくらいになるまで、何回も練習しよう。スライドを見ながらだらだらと図の説明をするのは、避けなくてはいけない。実際にトークをするときは、スライドはちらっと見るだけで、基本的に顔は聴衆に向けて話すのがベストだ。そういう状態を目指して頑張ろう。相手に話しかけることが「トーク」なのである。

"university"が通じない!?

トークの心構えを一通り説明したところで、今度は話す「内容」ではなく、「発音」について説明しよう（注：ここで「発音」と言っているのは単語レベルの発音だけではなくて、アクセントとか文章のリズムといった要素も含めている）。

「英語をきちんと発音すること」は、日本の英語教育ではないがしろにされている印象がある。英語教育は学校ごとに少しずつちがうだろうし、また最近の日本の教育事情にもくわしくないが、少なくとも私は学校できちんと学んだ記憶がない。発音について生徒をしっかりとトレーニングしようと思ったら、かなりの労力を要する。英語の先生の人数を大幅に増やすなどの構造的な改革をしないかぎり、学校教育の一部として実行することは無理だろう。

私が「発音」の大切さに気づいたのは、これまたポスドクになってからだ。それまでは「自分はわりと英語がしゃべれる」と思っていたのだが、カリフォルニアに移ってからちょっと調子が狂うことが多くなり、「あれ？　もしかして、自分の発音っていまいちなのかな」と不安になったのである。

というのも、バークレーではUniversity Avenueという大通り沿いのアパートに住んでいたのだが、まずこの“University Avenue”が通じないことが多かった。電話などで自分の住所を伝えることは頻繁にあったのだが、「え？　何アベニューって？」と何回聞き直されたことか……。“University”が通じないなんて、というか、きちんと発音できていないなんて……大丈夫か、オレ……。

あとから考えてみると、それまで私はボストン近郊に住んでいたので、発音に関してはちょっと甘やかされていたのかもしれない。というのも、ボストンなまり（Bostonian）は発音に関して相当ルーズだからだ。VとBを入れ替えたり、erの発音がaaになったりして、つまり典型的な日本人のカタカナ英語でも十分通じてしまう（有名な例がHarvardだ。ボストンなまりだとHaabaadのような発音になる。つまり「ハーバード」とそのまま発音しても十分通じてしまう）。たぶん当時の私はuniversityをunibaasityと発音していたのかもしれない。それから、Berkeleyも通じないことが多かった。Baakreeとか言っていたのかも。

とまあ、発音に関して多少弱気になっていたのに加えて、なかなか大学の教職をゲットできないという現実があった。インタビューには呼ばれるので最終候補者リストには残っているはずだが、その段階で落ちてしまう。インタビューでの印象がよくないのかなぁ、なんでなんだろう……。初期の職探しがうまくいかなかった原因は、いろいろな意味での経験不足にあって、とくに英語が下手だからだとは考えていなかったのだが、次第に「英語がもっときちんと話せたら、少なくともその点に関しては印象がいいよなー」と強く思うようになった。「やっぱり教職だから、ちゃんとしゃべれないとなー。弱点は少ないほうがいいに決まってるし……」と考えはじめた私を、真剣にスピーキングの勉強に向かわせることになる決定的な出来事があったのだが、これは第５章「将来編」にくわしく書いているので、そちらを参照されたい。

自分のトークを録音して聞いてみる

ともかく、ここらでちょっと真剣に考えてみよう、と決心した。そして、UC Berkeley Extension という夜間学校で英語のスピーキングを鍛えるクラスがあったので、受けてみることにした。受講料は週二回のクラスで一学期五〇〇ドルくらい。けっこう高いなーと思ったが、これは「本当にとってよかった」と思えるクラスだった。

これは、speech pathologist とか speech therapist と呼ばれる発音の専門家が、英語を母国語としない人たちを対象にして、「英語を話すときにはどういうことに気をつければよいか」をグループレッスンや個別指導を交えながら、体系的に教えてくれるというものである。アメリカに来て数年たつけれど、自分の英語になかなか自信がもてない……と悩んでいる人は、この手のクラスを一度とってみるといい。数百ドルから一〇〇〇ドルくらいかかるのが相場のようだが、自分への投資と考えれば安いものだ。

そういうクラスをとる決心がつかないときは、まずは自分のトークを録音して聞いてみることである。これは大切な第一歩だ。自分の声は話しながら聞こえているが、録音することによって、より客観的に聞くことができる。面倒くさがらずにやってみよう。初めの五分でもいいから録音してみるのだ。それを聞くと、「えっ、自分ってこんなふうにしゃべってるの？」と驚く人がけっこういるはずである。

英語の上達のためには、自分が今どのような状態かを把握することが重要だ。どこが悪いかわからないと、直しようもない。

私も初めて自分のトークの録音を聞いたときは、非常にがっかりした。自分ではもっとうまく話せているつもりなのに……。どうしたらいいんだろう。どこが悪いのかよくわからなかったけれど、ひとつだけはっきりしているのは「アメリカ人が話す英語と全然ちがう」ということだった。

「どうしたらアメリカ人のように英語を話せるようになるのだろうか？」

これは、大人になってから英語圏に移り住んだ人にとってはかなり高い壁だ。ネイティブ・スピーカーのように話すのは無理だとしても、できるだけ近づくように努力することはできる。そのためには、発音やアクセントといった単語レベルから、リズム、イントネーション、さらにはフレーズのつくり方といった文章レベルのことまで気にする必要がある。

スピーキングの注意点

いちばん初めにやらないといけないのが、単語一つひとつの発音をきちんと身につけるということである。この基礎ができずに、不正確な発音のままで「英語っぽく」話してみても、ネイティブ・スピーカーには危なっかしい英語に聞こえるだけだ。つまり、何を言っているのかわからない、聞きづらい英語になってしまうのである。アメリカ人のようにペラペラとまではいかなくても、相手がすんなりと理解できるように、聞きやすい英語を話せるようになることは、大人になってからの努力でも十分実現可能な目標である。

そのためにいちばん大切なのは、「ゆっくり話す」ことだ。「いくらなんでも、これだとゆっくりすぎるんじゃない？」と思うくらいのスピードで話してみよう。これは、トークの練習のときには、とくに大切である。ネイティブ・スピーカーも、トークではふだんの会話よりもゆっくり話すことを心がけている。非ネイティブ・スピーカーはさらにゆっくり話すくらいでちょうどいい。試しに録音して聞いてみよう。自分で思っているほどゆっくりには聞こえないはずだ。

スライドを少なめに用意するのはこのためである。多数のスライドを説明しないといけないというプレッシャーを感じていると、焦って話してしまいがちで、そうするとどうしても発音が疎かになってしまうのだ。ネイティブ・スピーカーは速くしゃべってもクリアな発音をキープできるが、そういうレベルに達していない人が速く話すと、個々の発音が不正確になって、「何を言っているのかよくわからない、聞きづらいトーク」になってしまうのである。

発音がしっかりしていて、ゆっくりとしたペースのトークは聞きやすく、これができるだけでもトークの印象はかなりちがう。これから大学院生活を送る人たちは、まずこのレベルを目指すとよいだろう。

発音の上達についてだが、これは口と舌の筋肉の鍛錬を根気よくおこなえば、かなりのところまでいけるはずである。英語には日本語では使わない音が多く存在し、それに、日本語では気にしない音のちがいが重要になることが多い。初心に帰って、母音と子音の練習からはじめてみよう。

日本人にとってむずかしい母音と子音

日本人にとってむずかしいのは、子音ではおそらくthとか、RとLのちがいなどで、母音では数種類の「ア」の使い分けだが、これらはとても大切である。本当に意識して訓練しよう。とくに有声音のthは、the, that, this, these, those, they, them, other, another, than, などなど、頻繁に使われる単語に出てくるので、要注意だ。ちゃんと舌の先をかんでthの音を出さないといけない。たとえば

This one is better than that one.

が、

Jis one is better zan zat one.

のようになってしまうと、相当イマイチである。子音と母音の両方をきちんと発音するだけで、かなり「英語らしく」なる。

しかし、英語では「きちんと発音すべきところは発音する」と同時に「きちんと発音しなくて

いいところではきちんと発音しない」ことも大切である。「曖昧なア」(schwa：発音記号では[ə]と表記される)の音をちゃんと理解していることは、この点でとても重要だ。日本語では子音のあとに必ず母音が続くので、その調子で英語を発音すると「母音が多すぎる」発音になってしまうのだ。カタカナ英語はまさにそれである。

それから、英語はスペルと発音があまり一致していない言語なので、スペルだけ見て勝手に発音を思い込んでしまうとよろしくない。ちょっと例を挙げて説明してみよう。

model「モデル」

簡単な単語である。日本語にも浸透している語なので、ついそのまま「モデル」と発音してしまいそうだ。最後の「ル」を「ル」とはっきり発音するのは論外だが、Lの発音は舌先が前歯の裏に触れないといけないので、気をつけよう。この単語のポイントはLの発音ではなくて、その直前のeである。このeは発音しない。辞書で発音記号を確かめると、[mädl]と書かれているはずだ(注：辞書によって採用している発音表記法がちがうので、このように書いていない辞書もある)。「デ」ではなくて「ドゥ」、ついでに言うと、moの部分は「モ」ではなくて「マ」に近い。なので、まとめると「マアドゥル」のような発音になるわけだ。「え？　ホントに？」と思った人は、音声を再生できるネットの辞書サイトで確認してみよう。

同じような例をもう少し：

history → hist(o)ry
boundary → bound(a)ry
mathematically → math(e)matic(a)lly

括弧で囲んだ母音は正式には「曖昧なア」のschwaだが、まったく発音しないほうがふつうのようだ。このようにアクセントが置かれない母音はschwaになったり、またはスパッと省かれてしまったりすることが非常に多い。なので、アクセントの場所を間違えてしまうのは、かなりよろしくないし、実際、相当通じにくくなる。

まったく発音されない母音の例としては

mountain → mount(ai)n
uncertain → uncert(ai)n
important → import(a)nt

などが挙げられる。しかし、entertainやascertainの"tain"は、ここにストレスがあるのでちゃんと発音する。

という感じで、一通りパターンをつかむまで、こまめに辞書を引いて発音記号を見たり、音声を再生できるオンライン辞書などを使ったりしよう。ものすごく簡単な単語のほうが、新鮮な発見をすることが多い。

そして、こういうことを気にしだすと、ネイティブ・スピーカーが実際どういうふうに話しているかをよく観察できるようになる。彼らが実際に話しているのを聞いて耳で覚えるほうが、発音記号を見て覚えるよりもおススメだが、「耳で覚える」なんてことは、慣れないとそう簡単にはできない。まずは、コツコツと辞書で調べることからはじめるのが楽である。なんにせよ、スピーキングをしっかり身につけようとすると、他人の発音に聞き耳を立てるようになるので、リスニングのほうも自然に上達するはずだ。

きちんと発音ができるようになったら、あとはもっと大きなレベルでの話、つまりリズムとかイントネーションが問題になってくる。これらの上達法も、「ネイティブが話すのをよく聞いてまねるようにする」のが基本である。

ちなみに、ここまで書いてきたことは、"American accent training"といったキーワードでウェブ検索するとヒットする、たくさんのテキストブックの類いにもっとちゃんと書いてある。系統的な説明を目指しているわけではなく、雰囲気だけでも伝わればと思って書いてみただけなので、ちゃんと勉強したい人は本を買うなりスピーキングのクラスを受講するなりしよう。

しかし、こういうことに気をとられすぎて、会話ができなくなってしまっては本末転倒だから、日々気をつけてブラッシュアップをつねに心がける、という感じで実践するくらいがちょうどよいかもしれない。最終的に会話力と正しい発音の両方が身につくように、上を目指して頑張ろう。

ライティング勉強法——指導教官を活用しよう

アメリカに留学すると、スピーキングはともかくとして、ライティングは確実に鍛えられる。しかし、どのくらい上達するかは本人の心がけ次第である。ここでは、どういうことに気をつけてほしいか、指導教官の立場から書いてみよう。

ＰｈＤコースの学生が書く論文は、たいていの場合、指導教官との共著のはずだから、（ふつうは）指導教官がしっかりと添削してくれる。無茶苦茶な英語で書かれたものを投稿することは、共著者としてもかなり恥ずかしいことだからだ。そこで、ＰｈＤをとるまでの五年間で、この親切に添削してくれる指導教官を最大限に利用して、最後には「指導教官に見てもらわなくても問題ないレベル」にまでもっていくように努力しなくてはいけない。

指導教官を最大限に活用するには、少なくとも次の三つのことをやるべきである。

指導教官活用法（ライティング上達のために）：

①指導教官に原稿を渡す前に、文法的な間違いはないか、スペルミスはないか、論理的に筋が通っているか、ぎこちない英語表現を使っていないか、などなど、自力でできるだけのチェックをする。つまり、自分では「これは完璧だ」と思えるくらいまで磨き上げる。

②添削された原稿を見て、どこがどう直されたかを一つひとつ調べる。納得がいかないときは、指導教官に「なぜここは自分の表現ではだめなのか」を説明してもらう（①の段階で十分に頑張っておくと、この段階での指導教官のアドバイスがより効果的なものになる）。

③次に書く論文（同じ論文の改訂版やまったく新しいテーマの論文）について、①の段階のチェックをするときに、すでに添削を受けた昔の原稿をもう一度見直して、「同じ間違い」だけは絶対にしないようにする。同じ間違いを繰り返すようだと、学習能力のない人間だと思われるのがオチである。

五年のあいだに、少なくとも数本は論文を書くだろうから、上記のことに気をつけて、「今度こそはどこも直されないようにするぞ」という気持ちで臨めば、かなりのレベルまでいけるはずだ。そもそもアメリカに五年も留学したのに、自力で論文一つ完成できないようでは、恥ずかしいではないか。

また、ライティングの技術は、日ごろどれだけ英語の本を読んでいるかにも依存する。文章は

無から生み出すものではない。質の高い英語の文章にできるだけ触れるよう、読書を習慣づけよう。といっても、小むずかしい本を読めと言っているわけではない。一般向けに書かれた科学ものの読み物を寝る前に一〇分読む程度でも、毎晩続ければ相当の効果がある。欧米では科学ジャーナリズムのレベルが高く、多数の良書が存在する。自分が興味をもてる本を選ぶのはむずかしいことではない。

自分の研究成果を読者にわかりやすく説明するには、それ相応の技術が必要である。とくに、対立する考え方などについて議論するときには、英語の微妙なニュアンスや言い回しなども大切になってくる。英語は科学技術論文の公用語なので、質の高いライティングができると、それだけでいろいろな場面で有利になる。ＰｈＤをとったあともアメリカに残りたい、世界的に活躍したいと考えている人は、スピーキングとライティングの両方を究めるように、日々努力しよう。

ライティングのバイブル

ライティングについて語るときに、必ず言及される本がある。Strunk & White の“The Elements of Style”である。これはライティングのバイブルで、この本を読まずに英語で論文を書いてはいけない（ちなみに日本語訳も出ている）。この本は、科学英語に特化してその文章術を解説するものではなく、英語でものを書くとき全般に当てはまるポイントが解説されている。

しかし、科学英語だけについて書いてあるほかの本なんかより、はるかに役に立つ。かなり薄い本なので、読もうと思ったら一日か二日で読めるだろう。私も自分の学生には必ず勧めている。

しかし、一度さらっと読んだからといって、すぐにライティングがうまくなるわけではない。本当に一字一句かみ締めて読んだうえで、論文執筆に臨もう。そして、書き上げたら、この本をもう一度初めから読んでみよう。Strunkがその論文を読んだらいったいどういう評価を下すだろうかと考えながら、真摯に本と対話するつもりで何回も何回も読まないといけない。そういうふうに繰り返し読むことによって初めて真価がわかる本であり、また、何十回と読んでもつねに新しい発見がある本なのだ。だから、一度読んだだけで「その本はもう読んだ」などと言っていてはいけない。つねに「どうすればもっとよい文章が書けるだろうか」という姿勢をもって、Strunkに問いかけるつもりで熟読しよう。そうすれば、きっと答えは見つかるだろうし、ライティングはそれを繰り返すことでしか上達しない。じつは私自身、読者が多いことが予想される論文（レビュー論文など）を書いたときは、必ずこの本を読み返してから、再び推敲するようにしている。何回も読んだとは言え、忘れてしまっていることも多いし、覚えてはいたけれど、ちゃんと実践できていなかったルールにも気づかされるので、初心に帰って読み直す価値があるのだ。

また当然のことだが、ライティングは書くことによって上達する。つまり、論文や研究計画書などをこれまでどれだけ書いてきたか、という絶対量も大切である。初めのうちはつらいかもしれないが、つねによりよい文章を書くために、自分が納得できる文章を目指して、妥協せずに、時間を惜しまずに頑張ろう。苦しんだ時間は自分の血となり肉となり、そのうちきっと執筆が楽になる。

私の場合は、アメリカに来て初めの二、三年は論文を書くたびに七転八倒していた。日本の大学での英作文の課題なんて、せいぜい二、三文を書くだけだったから、一本の論文を書くのが超長大な英作文課題に思えた。一日一ページ書き上げるのが精一杯だった。書いては推敲して、一日中ああだこうだやって、ようやく一ページ。それを一ヵ月コツコツ続けてようやく第一稿が完成する、という感じだった。……大変だった。ＰｈＤの最後の年になって、ようやくわりとすらすら書けるようになった。

というわけで、くどいようだが、"The Elements of Style"を読もう。かなり昔に書かれた本なので、内容が多少古くなってしまっているところもあるが、そういう短所を補ってなおあまりある長所がこの本にはあるのだ。この本の真意をくみ取れる人は必ず上達する。ほかにも似たような趣旨の本はいろいろ出ているから、時間のある人は手当たり次第読んでみるのもいいが、最後にはきっと、この本に戻ってくるはずだ。

COLUMN

実録・私はいかにして留学を決意したか④

人類を月に送った国

私にとって初めてのアメリカの研究航海では、もう一つインパクトを受けたことがあった。それは、アメリカの「研究航海の仕組み」である。それ以前に日本船での研究航海に二回参加した経験があったので、アメリカ流のよさがやたら目についた。私はその時点ではまだアメリカには行ったことがなく、単にアメリカ船に乗っただけだったが、研究航海を通してアメリカという国が見えてくるような気がした。

いちばんのちがいは合理性である。船のサイズでいえば、それ以前に乗った日本の研究船のほうが倍以上大きかったのだが、アメリカの研究船はとても合理的につくられていた。つまり研究者が研究しやすいようにつくられていて、乗っていて気持ちがいいのだ。

私が乗った日本の研究船は、一〇〇億円もの大金を費やしてつくった贅沢船だった。研究船にしてはかなりの大型のため、一回の航海に船員が五〇人以上必要で、運用するだけでかなりの費用がかかる。

この船の内部には研究室や作業場もあるのだが、やたら小部屋に分かれていて配置も分散しており、そのため頻繁に行ったり来たりしなくてはいけなかった。その一方で、内装にはいろいろとお金がかけられていた。

COLUMN

そもそも、研究航海にそんなにデカい船はいらないのだ。アメリカの研究船は必要最小限の大きさで、船員の数も二〇人前後で、機動力がある。一〇〇億かけてデカい船を一隻つくる金があるなら、五〇億で二隻つくれば、単純に航海日数は二倍にでき、世界中の海を駆け巡ることができるのだ。見た目のスケールは小さいかもしれないが、やることのスケールが大きいのである。研究室も、真ん中に大きいメインラボがドーンとあって、研究者たちが使いやすいように、航海ごとに自由にレイアウトを変更できるようになっていた。

また、アメリカ人は日本人よりも体格のいい人が多いので、力仕事も得意そうに思えるが、「機械でできることは機械にやらせる」というふうに考える傾向がある。日本船の研究航海では肉体労働が多くて、それはそれで楽しいし体も鍛えられるのだが、アメリカ船ではそういった仕事がほとんどないのでびっくりした。たしかに考えてみれば、機械にやらせたほうがはるかに楽で、しかも確実で……。なぜ日本船ではそうしないのだろうか……。うーん、不思議だ。日本では「手づくりの研究航海」という変な精神論が合理的な機械化を邪魔しているような気がした。高校野球とメジャーリーグのちがいだろうか。システムというか、ものの考え方がかなりちがう。

そして、アメリカの研究船はすべてドライシップ（dry ship）、つまりお酒は一切禁止。といっても、日曜の夕食では船内でビールが買えたりすることもあるのだが、それ

以外は本当に誰もお酒を飲まない。船員さんの中には隠れて飲んでいる人もいたかもしれないが、学生も含めて研究者グループで飲酒している人は誰一人いなかった。研究者はつねに研究をしていて、航海が終わるころには調査報告書はほぼ完成していて、投稿論文の草案もできあがっているような具合だった。

私はこのアメリカの研究者たちの姿勢に非常に感銘を受けた。「研究者はつねに研究をしている」と書くと当然のことのようだが、日本の研究船では毎晩のように飲み会が開かれるのがふつうだった。そのせいか、航海が終わって半年以内に調査報告書が完成すればいいほうではないだろうか。まあ、アメリカの研究船がドライシップなのは、研究のためというだけではなく、ほかの事情もあるのだが、結果としてとても生産的な環境になっている。お酒が入ったら研究なんてできないのだ。当たり前である。

アメリカの研究船では「これはこうしたほうがいいから、こうする」というふうに、何事にもちゃんとした理由があって、過去の経験が上手に蓄積され活かされていることがわかった。とにかくわかりやすい。アメリカがサイエンスの世界で活躍しているのは、資本の力も大きな理由だが、この「わかりやすさ」を追求する文化が根底にあるからではないかと思う。

そして、「どうしてこうするのか？」という疑問を率直に投げかけられる雰囲気に溢れていた。「なんでなの？」と質問すれば、私のような下っ端の学生が相手でもちゃん

COLUMN

と説明してくれるし、ときには議論してくれるという環境はとても新鮮だった。「これにはカクカクシカジカという変な理由があって、仕方ないけどやってるんだよ」とか、「まあそのうちわかるよ」なんてごまかされることは一度もなかった。いいものはよくて、悪いものは悪い。単純明快で気持ちがよく、私はこの航海に参加しているあいだ、大学生活で初めて自由に呼吸ができるように感じていた。要するに、アメリカ船は私の肌に合っていたのだ。

やはり人類を月に送った国はちがうんだなぁ……と、甲板の上で夕焼け空に浮かぶ月を見上げながら、しみじみ思った。もちろん研究航海と宇宙開発ではまったく話がちがうのだが、こういう国なら月に人類を送り込んでも不思議はないよなあ、と思ったわけだ。それだけのことができる土台がアメリカにはある。日本の科学界にも世界一を誇れる分野はあるのだろうが、こと私の専門分野に関しては、どうしてもせせこましくなってしまうというか、頑張るポイントがずれているというか、層が非常に薄いというか、悲しいくらい非力に見えた。

「スケールがまったくちがう。これじゃ勝てっこないよ……」

こうしてアメリカの研究船がすっかり気に入ってしまった私は、留学の決意をいっそう強くしたのだった。

第 5 章

将来編

ＰｈＤをとったあとの進路にはさまざまな選択肢がある。これはもう人それぞれである。ＰｈＤをとるまでの研究がとても大変だったので、もうアカデミックの世界（アカデミア）からは足を洗いたいと思う人もいるだろうし、逆に、ずっと研究をしていきたいと願う人もいるだろう。研究をつづけるという選択をするにしても、アメリカに残るか、ほかの国に行くか、それとも日本に戻るかで話がちがってくる。私はアメリカに残って研究をつづける道を選んだので、それ以外の選択肢については、他人から聞いた情報にもとづく大ざっぱな理解しか持ち合わせていない。しかし「アメリカでＰｈＤをとったあとは、いったいどういう道が開けるのか」という、ある程度の見通しがほしい人には、この大ざっぱな理解でも参考にはなるだろう。

アカデミアと企業の比較

最初に断っておくが、アメリカで研究職に就くのはかなりむずかしい。大学や研究所のポジションの数がかぎられているからである。逆に言えば、ポジションの多さだけで考えると、アメリカの企業に就職するのは比較的簡単なはずである。といっても、どこに就職するにしても、それなりの苦労をするのがふつうなので、これはあくまでも相対的な難度の話である。とくに日本人の場合は、永住権を獲得するまでは、雇い主に就労ビザを申請してもらわないといけない。そういう手続きをする価値のある人材であることをアピールできないと、アメリカでの就職はむずかしい。

ちなみに、ＰｈＤをとってアメリカの企業に勤める場合、かなりいい給料をもらえることが多い。給料だけを比較すると、アカデミアは企業にとうていかなわない。一方で、アカデミアにはお金に代えられない「自由」があるので、自分の好きな研究をしていきたいという人には大変魅力的な環境である。

しかも、アメリカの大学には定年がない。テニュア（終身在職権）を取得した暁（あかつき）には、自分がやめたいと思わないかぎり、ずっと研究をつづけることができるのだ。企業に勤めた場合はそういう保証がなく、いきなりクビになる可能性もある。しかし、給料が高い企業に就職できた場合は、貯蓄・投資に励んで、若いうちに引退してその後は悠々自適の生活を楽しむ、ということもできる。

このあたりは完全に個人のライフスタイルの問題だ。アカデミアに残るのと企業に就職するのとを比べて、一概に優劣を決めることはできない。

一口に企業といってもいろいろあるが、自分の専門分野に直接関係のある企業（たとえば生化学のＰｈＤだと製薬会社など）以外に就職する場合は、コンサル系、金融系、そして最近はやりのデータサイエンス系に行く人が多いように思う。コンピュータを使った定量的な解析ができる、さまざまな資料を収集して総合的な判断ができる、結果をわかりやすくプレゼンすることができるなど、ＰｈＤをとる過程で培った能力が必要とされて、かつ給料が高い分野だからだろう。また、こういった企業では基本的に顧客からの依頼によって仕事が発生するので、確実に社会に貢献しているという実感が得られるだろう。

研究職を目指す場合でも、アメリカ以外の国で就職するという手がある。日本人なら、日本で就職するのがいちばん手っ取り早い。フランスとかドイツといった英語が第一言語でない国で就職するのは、言葉の面で苦労するかもしれない。フランスではフランス語が話せないと相手にしてもらえないし、ドイツでは研究者レベルになるとみな英語を話すのだが、秘書などのスタッフ相手ではドイツ語以外まるっきり通じないからである。しかし、それでもそういった国で頑張っている日本人研究者は少なくない。なので、これも個人の力量次第である。

先に、アメリカの大学には定年がない、テニュアをとればいつまでも研究できる、と書いたが、それは教授職にかぎられる。講師や技官のような職にはテニュアはない。研究所の場合は、教授に相当するポストにはたいていテニュアがついてくる。また、テニュアというのはそれなりの業績を出さないともらえない。

以下では、アメリカでテニュアトラック（tenure-track）と呼ばれる研究職に就く場合について少しくわしく説明してみよう。アメリカでＰｈＤをとることに比べると、感覚的に一〇倍くらいの大変さだろうか。そもそもアメリカで研究者として生きていくのはアメリカ人にとってさえ大変なわけで、日本人だとなおさらである。なので、本当に研究が好きで、かつ「研究者に向いている人」にしかこの道はお勧めしない。本書の初めのほうに書いたように、アメリカでＰｈＤ

をとることはそんなに大変ではない。ちゃんと手順を踏めば、ほぼ確実に実現可能である。だからこそ、その手順を本書で細かく説明してきたのだが、テニュアトラックの研究職に就くとなると、まったくべつの次元の話になる。というわけで、まずはポスドクの話からはじめよう。

ポスドク

ポスドク（postdoc）というのは、postdoctoral fellow とか postdoctoral associate のことで、ＰｈＤをとったあとに就く研究員職のことである。テニュアトラックの職に就くまでの臨時のポストで、たいていの場合、このポスドクを数年務めることになる。ずば抜けて優秀だと、ポスドクをすっとばして assistant professor になる人もいるが、非常にまれである。

といっても、ＰｈＤをとった全員にポスドクのポジションが保証されているわけではない。ポスドクもほかの仕事と同じように、大学や研究所からの公募に応募して審査に合格して、採用してもらう必要がある。教授職に比べるとはるかに数が多いので、採用してもらうのはそれほどむずかしいことではないが、簡単ともいえない。

ポスドクには大きく分けて、いわゆるエリートポスドクとプロジェクトポスドクの二種類がある。どちらの場合も、ポスドクは大学院生のときより高い給料をもらえる。

エリートポスドクとは、学科全体で毎年一人、二人しか採用されないポストである。このポストには、たとえば「Alan Bateman Postdoctoral Fellowship」のように、たいてい人の名前が冠されている。学科全体ということは、その学科でおこなわれているすべての研究分野が対象になるので、応募してくる人数も当然多く、競争率が自然と高くなる。また、学科側もエリートポスドクにはできるだけよい人を選びたいので、給料もふつうのポスドク（プロジェクトポスドク）に比べて高めに設定されている。

プロジェクトポスドクは文字どおり、教授が抱えているプロジェクトの予算で雇われるポスドクである。研究内容が限定されているので、一つひとつのポストに応募してくるＰｈＤの数も、エリートポスドクと比べてぐっと少なくなる。教授が公募を出して人を集める場合も多いが、口コミで雇う場合も相当数ある。たとえば、私が自分のプロジェクトでポスドクを雇いたいときには、まず、知り合いの研究者に「こういうプロジェクトがあるんだけど、誰かいい人知らない？」というメールを流す。この方法でいい人材が見つかれば、わざわざ公募を出すこともなく、そのまま採用する。

エリートポスドクだと、自分の好きな研究を自由にやってよい、というところがほとんどだろう。プロジェクトポスドクでも、自分のやりたいことに近いプロジェクトを選んで応募するのがふつうだから、基本的に自分がやりたいことができると考えていいと思う。

ポスドクとしてどういった研究をしたいかは、もちろんＰｈＤをとるころには明確にしておかないといけない。第１章「立志編」の「ＰｈＤをとるとはどういうことか？」の項に書いたよう

に、大学院生時代は「自分の分野がこの先どう発展していくのか、またどう発展すべきなのか？」「そしてその発展に貢献するためには、自分はどういう研究をすればよいのか？」という二点について考えながら、研究に臨むべきである。それを実践してＰｈＤをとったならば、ポスドクを探す時点ではかなりはっきりした目標をもっているはずだ。

といっても、大学院生のあいだに今後の人生計画を完璧に立てておくべき、と言っているわけではないので、誤解のないように言葉を添えておこう。将来を予想するのは極めてむずかしい。しかし、だからといって予想する努力を一切しないという態度ではいけない。少なくとも今後五年間にどのような研究をしたいか、どうしてそのような研究をする必要があるのかについて、説得力をもって語れるように準備しておこう。たとえ考えていたとおりに物事が進まなくても、今後の研究計画を考えるために使った時間は、決して無駄にはならない。できるかぎり考え抜くという作業は、これまで自分がやってきたことを広い視野で見つめなおす機会になり、これからの自分の成長を大きく助けてくれるはずだ。

人生にはいろいろな可能性がある。あるところでうまくいかなくても、ほかのところで道が開けることもある。当初は思ってもみなかったチャンスがめぐってくるかもしれない。しかし、そのような機会をものにできるかどうかは、つまるところ、日々の地道な努力にかかっているのだ。「運も実力のうち」という言葉があるが、私はこれを、「運を活かすにはそれなりの実力が必要である」というふうに解釈している。失敗から最大限に学び、自分をどう変えていけばよいか、前向きに考えられる人は、実力を確実に高めていくことができるだろう。

定職探し（ジョブハント）

さて、ポスドクになると、「PhDをとったら、やってみたかった研究」に挑戦することになるが、同時に職探し（ジョブハント）もおこなわないといけないので、気分的にけっこうせわしい。ポスドクはたいてい二年とか三年の期間限定雇用なので、そのあいだに、もっと恒久的な職（テニュアトラックの大学教員や研究所員など）の公募に応募しつづける必要がある。

アメリカには数多くの大学があり、また大規模な研究所の数も多い。なので、公募の数も毎年それなりにある。

応募書類を出して、書類審査を通過し「最終候補者リスト」（short list）に残ったら、ジョブインタビューに呼ばれることになる。アメリカの大学・研究所では、ジョブインタビューはたいてい二日間くらいかけておこなわれ、そのあいだにセミナーを一つか二つこなし、いろいろな人と面談することになる。大学の場合は、一〇人程度の教授たちと一対一で話をするのがふつうである。最終候補者リストはたいていの場合、五、六人程度である。もっと絞るところもあるかもしれないが、逆に一〇人も呼んでインタビューしたりするところはないだろう。

このように、アメリカの研究職の審査は、候補者一人ひとりに時間をかけてじっくりと見極め

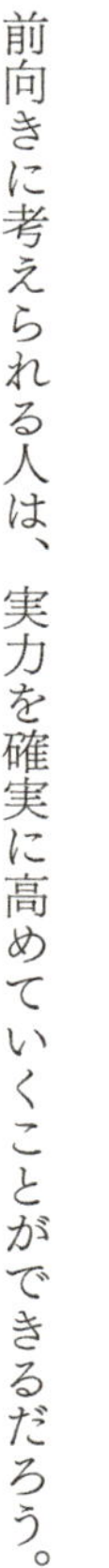

るというスタイルである。イギリスやフランスでは、最終候補者全員を一堂に集めて、一人三〇分ずつ発表させるという形式で審査をおこなうところが多いらしい。競争相手の目の前で自分の研究を発表するというのは、なかなか緊迫した状況を生み出すのではないかと想像する。アメリカでは、候補者にはほかに誰をインタビューするかすら教えないのがふつうだ。

大学教員の公募の場合は、履歴書、今後の研究計画と教育への抱負を説明する文書、そして三通の推薦状を要求されることがほとんどである。これらの書類で有望だと判断されなければ最終候補者リストに残れず、インタビューにすら呼んでもらえない。履歴書の論文リストが立派で、かつ推薦状の内容がよくないといけない。論文リストが多少見劣りしても、推薦状でカバーできる場合もある。もちろん、推薦状は推薦者が直接大学に提出するようになっていて、内容は本人には一切わからない。とはいえ、日ごろのつきあいから、自分が推薦者にどのくらい評価されているかという感触はつかめるはずである。また、研究計画や教育への抱負についての文書が、書類審査に大きな影響を及ぼすことはない。なぜなら、全員がそれなりのものを書いてくるし、「今後の予定」よりも「これまでの実績」をもとにふるい落とすほうが確実だからである。しっかりした研究計画をもっているかどうかが大切になってくるのは、インタビューに呼ばれてからの話である。

このように、ポスドクのあいだは、いろいろ応募しながら、同時に新しい研究成果を出さないといけない。応募するけどインタビューに呼んでもらえない、やっとこさインタビューまで行ったけどオファーが来なかった、という失意の日々がつづく中、それでも研究をつづけ、職探しをつづけるには、それなりのタフさが要求される。先に、本当に研究が好きな人でないと無理だろうと書いたのは、このためである。

定職探し――著者の場合

私の場合はどうだったかというと、もともと先のことをあれこれ心配するタイプではなく、また指導教官から「君なら、どこでもやっていけるよ」と言われていたので、そのうちどこかに決まるだろうと、初めのうちは楽観していた。しかし第4章「英語勉強法編」で触れたように、インタビューには呼ばれてもオファーがこないということが数回つづき、少し焦りはじめた。そんなある日、偶然というのはおもしろいもので、ひょんなことから（そのときの）自分の最大の弱点を教えてくれる人に出会った。

私は計三年間ポスドクだったのだが、最初の一年半はＭＩＴ、次の一年半はカリフォルニア大学バークレー校（UC Berkeley）に所属した。ＵＣバークレーでのポスドク仲間の中にエミリー・ブロッツキーというカルテク出身の地震学者がいた。私とエミリーは二人とも似たような時期にＰｈＤをとったので、同じようなところからジョブインタビューに呼ばれているようだった。

バークレーに着いて、何かのセミナーで初めて彼女に会ったときの会話を以下に紹介しよう‥

エミリー「私たち、けっこう同じところでジョブインタビューを受けているようね。なんか追いかけっこしてるみたい」

私「(僕はべつに君のこと追いかけてるつもりはないけど) そうかもね〜」

エミリー「それで、このあいだ、ハワイ大でのインタビューのあとで、教授たちと食事をしたときのことなんだけど、あなたのこと話してたわよ」

私「あ、そうなんだ。何て言ってたの?」

エミリー「ジュン・コレナガは研究は素晴らしいけど、英語がイマイチだからなーって。あなた、英語頑張んないと」

私「……」

さて、この会話には、ふつうはありえないことが三つも含まれていることにお気づきだろうか。第一に、インタビューする側は、ほかの候補者の名前は明かさないのがアメリカでは常識である。第二に、仮にうっかり口を滑らせて名前を明かしてしまったとしても、その候補者の評価を漏らすというのは論外である。第三に、これは「英語勉強法編」の「五年もアメリカにいれば、英語がペラペラに……?」の項でも触れたが、アメリカでは外国人の英語の不備を指摘する

というのはマナーに反する。つまり、日本人である私に面と向かって「あなた、英語頑張んないと」と言うのは、並みの神経ではできない荒技なのだ。

じつは、エミリーのカルテクでの指導教官は金森博雄教授という方で、金森先生は生粋の日本人である。なので、もしかしたら彼女は日本人に親近感を覚えていて、親切心からアドバイスをくれたのかもしれない。当時の私は、べつに英語に自信があったわけではなかったが、そんなに悪いとも思っていなかったので、面と向かって「英語がイマイチ」と言われたのはけっこうショックだった。私が英語のスピーキングについてかなりまじめに考えるようになったのは、このときからである。ハワイ大の連中もとんでもないな、とも思ったが、今振り返ってみると非常にありがたい偶然の連鎖が転機をつくってくれたのだ。

いずれにせよ、職探しは大変である。ＰｈＤは一定の水準を超えていればとることができる。その水準はそれなりに高いが、超えさえすればいいのだ。べつに他人との競争ではない。しかし、大学の教授職などは数に限りがあって、競争に勝ち抜かないと得ることができない。そして、この競争は日本人にとってはとくに厳しいものである。同じくらい研究ができるアメリカ人やイギリス人が競争相手だと、おそらく負けてしまうだろう。雇う側からすれば、英語が下手な日本人をわざわざ選ぶ理由がないからである。

テニュアトラックの職探しの大変さは、大学の教授の数と学生の数を比べると実感できる。たとえば教授が二〇人いる学科で、毎年ＰｈＤを五人出しているとしよう。三〇歳で assistant

professor になって七〇歳で引退すると、教授として四〇年勤めることになるから、そのあいだに四〇×五＝二〇〇人のＰｈＤが輩出される。つまり、その一〇分の一くらいしか教授のポストにはつけない。これは極めて単純化した計算だが、細かいことを加味していろいろな可能性を考慮しても、自分の出身校と同じレベルの大学で教授になれる確率は一〇分の一程度と考えて、大きな間違いはない。

競争を勝ち抜くには、やはり集団から頭一つ飛び出ている必要がある。そういう突出した存在になれるかどうかは、本人の日ごろの心がけ次第だ。優れた博士論文を書けたとしても、審査する側は、それは指導教官のおかげかもしれない、と疑ってかかるのがふつうである。なので、研究者としての実力はＰｈＤ取得後の実績で判断される、ということは知っておいたほうがよい。誰にも負けない何か、ほかの人がまねできない何かを身につけた人なら、アカデミアに残れる可能性は高い。

テニュアトラックの日々

さて、これまで「テニュア」とか「テニュアトラック」という言葉を使ってきたが、まだきちんと説明していなかった。このテニュア（tenure）というのは「終身在職権」のことである。ここでは、テニュアを獲得するまでの道のりを簡単に説明しておこう。

大学の場合は、どこでもまずassistant professorとして雇われる。このときはまだ任期つきで、数年間の契約である。その契約が切れる前に審査を受け、associate professorに昇進する（もちろん、それなりの業績がないと昇進できなくて、昇進できなかった場合は大学を去らないといけない）。この段階ではまだテニュアを獲得できてはいない。

associate professorへ昇進してもまだ任期つきであり、数年以内に今度は「テニュア審査」を受けることになる。これに通るとテニュアがもらえて、自分がやめたいと思うときまでその大学で仕事をすることができる（テニュアがとれないと、その大学を去ることになり、格下の大学に移ることが多い）。このように、最終的にテニュアがもらえる可能性のある職のことを「テニュアトラック」と呼ぶのである。

日本の大学では、たとえば助教として雇われても、同じ大学でそのまま准教授、教授と昇進できる保証はない。タイミングよく上のポストの人が異動したり、定年退官したりすれば、空いたポストに昇進できる。ただ、たいていの昇進は、ほかの大学で空いた（今よりも上の）ポストに移ることによって実現する。

アメリカでassistant professorとして雇われている場合は基本的に、頑張れば同じ大学でそのままassociate professorそして（full）professorへと昇進できることが前提になっている。前述したように、associate professorとして数年過ごすとテニュア審査を受けられ、無事通るとテニュアをもらえてtenured associate professorになる。さらにprofessorに昇進するには、もう一つ

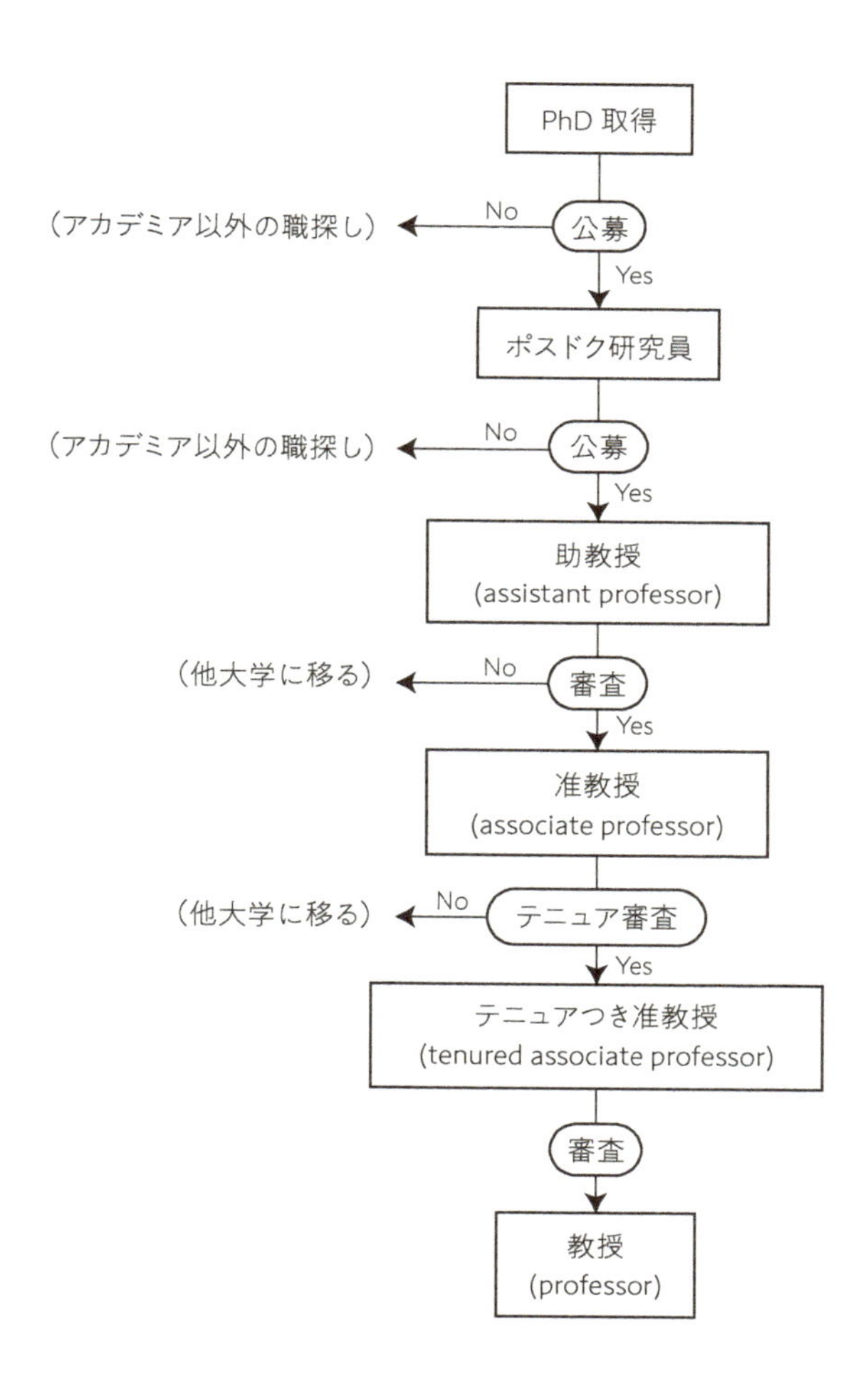

図5-1　PhDを取得後、アメリカの大学で教授になるまでの流れ

ポスドク研究員から、助教授のようなテニュアトラックの職に就くことができれば、アカデミアに残れる可能性が高くなる。その後の審査に通らなくても、（格下の）大学に就職できることが多いからだ。いちばん大変なのがテニュア審査で、これに無事通れば、精神的にぐっと楽になる。テニュアつき准教授から教授に上がるための審査は、通ることが確実な場合におこなう（つまり、それだけの業績ができるまで待つ）のがふつうである。

審査を経るのが一般的である。

ちなみに、アメリカの場合、assistant professor といっても、べつにほかの professor の「アシスタント」的なポストではなく、完全に独立した存在である。自分自身の研究グループを組織し、そのリーダーという立場になる。もちろん、学科長や学長などは職位的には上の存在だが、彼らから一方的に何かを指示されることはほとんどない。このあたりは企業とかなりちがっていて、誰かの「部下」という感覚が一切ないのである。

職探しに成功して、どこかの大学の assistant professor になると、授業やセミナーで教壇に立ちながら、テニュアをとるために精力的に研究活動を続け、学生やポスドクを指導し、プロポーザルを書いて学外から研究費を調達するという、なかなか忙しい日々が待っている。しかし、研究が好きな人はとくに苦に思わないであろう。やらないといけないことを書き出すと長いリストになってしまって大変そうに見えるが、慣れてしまえばどうってことはない。

しかし、テニュアをとればずっと仕事ができる、と聞いて「自分はさっさと引退して、余生を楽しみたいんだけど」と思う人には向かないだろう。好きな研究が（やろうと思えば）死ぬまで自由にできて、しかもそれで給料がもらえる大学教授という職業は、やはり「研究が好きで、研究に向いている」人のために存在するのである。

実録・私はいかにして留学を決意したか⑤

コスモポリタンを目指して

私のアメリカ留学をなにかにつけて支援してくれた、東大時代の指導教官の玉木先生とは、私が日本に一時帰国するたびに飲みに行っては、お互いの近況を話したりしていた。しかし残念なことに、玉木先生は二〇一一年に永眠された。まだ六二歳だった。ニューヨーク出張中に突然倒れ、緊急手術を受けて一時は意識を取り戻すまで回復したのだが、その後容態が急変して亡くなられてしまった。

玉木先生は極めて温厚な方だった。まあ、私のような生意気な学生の面倒を見られるくらいだから、それだけで人格者であることは明らかなのだけれども……。ここでは、玉木先生との思い出の一部を紹介したい。

玉木先生が主宰する研究室（玉木研）に初めて行ったのは学部四年の春だった。私のいた地球物理学科では、四年の初めにいろいろな教官から「うちの研究室にくると、こんな感じの研究ができます」という説明を聞いて、どの研究室に入るかを決める。私は、玉木先生の「僕のところに来ると、大型計算機をガンガン使って、グローバルなデータ解析ができます」というプレゼンにビビッとくるものがあったので、その日のうちに玉木研に入ることを決めた。

COLUMN

玉木先生はこだわりの人だった。研究室に配属されてまず最初に教わったのは、「おいしいコーヒーの入れ方」である。「僕はコーヒーにはうるさいんですよ」と、どこの店でどの豆を買っているとか、そういうこだわりを話すのが好きな先生だった。うるさいのはコーヒーだけでなく、飲食に関することなら、たいていのものにこだわりがあった。飲食以外のこだわりで印象深かったのは、プリンターの紙の補給方法だ。ある日、私がプリンターを使っていると紙がなくなったので、適当に用紙トレイが半分埋まるくらい補給しようとしていた。たまたまその様子を見た先生は、「プリンターの紙を入れるときは、つねにみっちり入れないと！」と言って、トレイのいちばん上までぎゅうぎゅうと紙を詰め込みはじめたのだ。たしかに、毎回めいっぱい詰めたほうが補給する回数が減るから合理的である。

また、先生は大変勉強熱心な方でもあった。学術ジャーナルやコンピュータ関係の雑誌を全部で二〇くらい購読していただろうか。新刊が入ってくると、注目すべき論文や記事にはポストイットで目印をつけて雑誌棚に並べ、学生でも最先端の動きがつかめるよう配慮されていた。いつも会議やら出張やらで大変忙しくされていた先生だったが、自分の視野をひろげるためにつねに努力されていた。結果が論文のかたちで残っていないものもあると思うけれど、時間を惜しんで切磋琢磨する先生の後ろ姿には深い影響を受けたし、今でも目標にしている。

COLUMN

玉木賢策先生

玉木先生は2004年に海洋研から工学部の地球システム工学専攻に異動され、海底資源の研究をされていた（先生は資源開発工学科出身である）。2002年から亡くなられるまでの9年間は、国連の大陸棚限界委員会の一員として、国際海洋法の運用にも献身されていた。（写真提供：玉木くに）

先生はコアなＭａｃファンであると同時に、日本でいち早くＳＵＮとかＩＢＭのworkstationを研究環境に取り入れていた数少ない研究者だった。優れた計算機環境にお金を惜しまない人だった。スティーブ・ジョブズがアップル社から追い出されたあとにつくったＮｅＸＴというマシンは、世界でたったの五万台しか売れなかったのだが、玉木研にはその一台があった。思い返せば、玉木研のＭａｃでAdobe Illustratorを使って図をつくったのがきっかけで、私もＭａｃファンになったのだ。スクリーンセーバーの中でパタパタ飛んでいたFlying Toasterが懐かしい。

先生からコンピュータについて教わったことの中に、「ソフトウエアのマニュアルは最初から最後まで、隅々まで読みなさい。一流の使い手になるための最低限の心がけです」と

COLUMN

いうものがある。この教えに従い、私は学生時代からずっと、自分が使うソフトやプログラミング言語のマニュアルを最初に全部通して読むようにしている。無味乾燥なマニュアルを全部読むのは、とんでもなく退屈で眠くなる作業なのだが、これを一度やっておくと、たしかに「知らないコマンド」がなくなり、その後の作業の生産性が上がる。私の研究の効率は、コンピュータをいかに使いこなすかによるところが大きい。駆け出しの学生のころに、先生に教えてもらった大切なノウハウが今も活きていることを実感する。

先生は、私が留学に興味をもっていることを知ると、いろいろと応援してくれた。先生は東大に来る前は筑波の地質調査所（現在の産業技術総合研究所・地質調査総合センターの前身）に勤めておられたのだが、その近くに青年海外協力隊で有名なＪＩＣＡがある。先生に紹介してもらい、ＪＩＣＡで海外からの留学生にパソコンの使い方を教えるアルバイトをやったことがある。このアルバイトを紹介してくれたのも、きっと私の留学に役立つと思ったからなのだろう。英語で人にものを教えるという経験は、思えばこれが初めてだった。また、私が留学を決意したのも、先生が斡旋（あっせん）してくれたアメリカの研究航海に参加したのがきっかけだ。「是永君のような人は、アメリカに行ったほうが成功しますよ」と惜しみないエールを送ってくれた。私は今でこそ、多くの人から評価される立場になったけれど、先生は私がまだ青二才の学部生のころから評価してくれ

COLUMN

ていたのだ。

私が留学することが決まったとき、玉木先生に「是永君には〈コスモポリタン〉になってほしいですね」と言われたのを思い出す。「コスモポリタンとはいったいどういう人でしょう?」と尋ねると、「アメリカに行っても変にかぶれたりせず、たとえば日本人からのメールには日本語でちゃんと敬語を使って答えるとか、そういう基本的なことができる人のことです」との答えが返ってきた。一つの文化に流されず、多文化を深く理解して生きていく大切さを、平易な表現で教えてくれたのだと思う。

私が真のコスモポリタンになれる日は、いつか来るのだろうか。

おわりに

この本は、以前私が「理系留学のススメ」という名前で、二〇〇六年から一〇年間ほど管理していたブログに書いたものをもとにしている。「ブログ」と書いたが、ふつうのブログだと、目次をつけたり、章を分けたりすることができないので、Drupalというシステムを使って、本のように読めるような工夫をしていた。しかし、Drupalがバージョンアップするたびに不具合が起きるようになり、その対応がだんだん面倒になってしまったので、閉鎖してしまったのである。

留学体験談のブログは今では相当数あるし、大学院留学についての手引書も何冊か出ているようなので、閉鎖してもとくに困る人はいないだろうと思っていた。しかし、このたび講談社サイエンティフィクの渡邉拓さんから書籍化のアイデアを提案されて、改めて考えてみると、アメリカの大学教授が書いたものはいまだに私のブログ以外にはないようだし、入学希望者を選考し、学生を指導する立場の人間の視点を本のかたちで残しておくのは大切かもしれない、と思うようになった。

書籍化するにあたり、大幅に改訂し、新たに付け加えた部分も少なくない。一冊の本にするという作業は思ったよりも大変だったが、以前のブログと比べると、より質の高い情報源として生

まれ変わることができた。渡邉さんには、書籍化のすべての工程で助けていただいた。また、妻の朋子、そして私の研究室でＰｈＤを目指している宮崎慶統君からも、いろいろ有益なコメントをいただいた。ここに感謝の意を表したい。

最近の日本の若者は内向き思考で、海外に出たがらないという話を聞くが、じつのところはどうなのだろうか。もちろん、中国、韓国、そしてインドの学生と比べると、「ぜひアメリカに行って勉強してみたい」と思う学生の割合は圧倒的に少ないだろう。日本はかなり住みやすい国だからである。しかし、ひそかに野望を抱いている若者も、けっこういるのではないだろうか。本書がそういった野心的な学生の役に立てば、望外の喜びである。

二〇一九年八月

是永　淳

た行

な行

は行

ま行

や行

ら行

索引

アルファベット

あ行

か行

さ行

著者紹介

是永　淳

イェール大学地球科学学科教授。グッゲンハイム・フェロー。

1992年、東京大学理学部地球物理学科卒業。1994年、東京大学大学院理学研究科地球惑星物理学専攻修士課程修了。2000年、マサチューセッツ工科大学でPhDを取得。カリフォルニア大学バークレー校ミラーフェローを経て、2003年、イェール大学地球科学学科に赴任。2009年より現職。
邦訳書に『地球進化概論』（共著、岩波書店）、著書に『絵でわかるプレートテクトニクス――地球進化の謎に挑む』（講談社）がある。

できる研究者になるための留学術
アメリカ大学院留学のススメ

■二〇一九年九月五日第一刷発行
■著者――是永　淳
■発行者――渡瀬昌彦
■発行所――株式会社講談社
東京都文京区音羽二―一二―二一
郵便番号一一二―八〇〇一
販売　〇三―五三九五―四四一五
業務　〇三―五三九五―三六一五
■編集――株式会社講談社サイエンティフィク
代表　矢吹俊吉
東京都新宿区神楽坂二―一四　ノービィビル
郵便番号一六二―〇八二五
編集　〇三―三二三五―三七〇一
■本文データ製作――株式会社エヌ・オフィス
■カバー・表紙印刷――豊国印刷株式会社
■本文印刷・製本――株式会社講談社

ISBN978-4-06-517252-0　NDC377.6 239p 19cm